新版・移動力

移動する人はうまくいく

長倉顕太

すばる舎

「考えてばかりで動けない」

「すぐやることが苦手」

「いつも三日坊主で続けられない」

「仕事がつまらない、うまくいかない」

「お金に困らない生活がしたい」

「人間関係のストレスから解放されたい」

「自分の時間が欲しい」

「運が良くなりたい」

「自由が欲しい」

「充実した毎日を過ごしたい」

本書は、こんな悩みを持っている人のための本です。

まえがき

多くの人を敵に回すかもしれない本

本書を手に取っていただき、ありがとう。この本は、私にとって一一冊目。ただ、もしかしたら、もっとも批判を浴びることになるかもしれない。

なぜなら、今までのビジネス書やメンタル本を全否定することになるからだ。にもかかわらず、私がこの本を書いた理由は、多くの人が、

「人生を変えたい」

「良い人間関係をつくりたい」

「もっと稼ぎたい」

「自由に生きたい」

「もっと大切な人との時間を増やしたい」

と思っていながらも、同じような毎日を過ごしているから。

私はもともと出版社で働いていて一一〇〇万部以上の本を編集してきた。一〇〇〇冊以上の本を読み、研究もしてきた。

また、自分自身の人生を通して、本に書いてあることを実践してきた。

その人体実験の結果が本書になる。

つまり、多くの本の中から「役立つもの」だけを取り上げた。

なので、本書で紹介する方法は誰もが使えるものになっている。実践した結果、私はハワイやカリフォルニアに移住、年収も三〇倍以上になった。

環境を変えるだけでいい

ここ三年は、毎月一〇〇人以上の人たちと対話してきた。そこで感じるのは、

「もったいない」

ということ。あなたはもっと自由に、もっと好き勝手に生きることができる。にもかかわらず、自分で制限を設けてしまっている人ばかり。

では、どうしてあなたは人生を変えることができないのか？

それは、意志の力で変えようとしているからだ。

たとえば、「今日から早起きするぞ」と決めても多くの人は挫折《ざせつ》する。

「やる人は一〇〇人に一〇人、続けるのは一〇人に一人」なんてよく言われるが、それが現実だ。

つまり、行動を管理することができない。よほど意志の強い人でなければ管理できない。

では、行動を変えるにはどうすればいいのか？

ずばり、

環境を変える

だけでいい。理由は簡単だ。私たちは、

「環境→感情→行動」

の順で動いているから。

でも、多くの本や、多くの人が「感情」（モチベーション）だけで行動を変えようとする。だから、続かないのだ。最初はやる気があるから行動が変わることもあるが、どんどん環境の力で元の状態に引き戻されていく。まず、環境を変えること。

支配者からの解放

環境をどんどん変えるために移動する。移動することによって、あなたは「移動力」を手にする。

「移動力」とは、

環境を切り替える力

のこと。本書を読むことで、あなたはどんどん移動力が身につき、環境をどんどん変えられるようになる。その結果、行動が変わる。

どうして、こんなに単純なことが知られていないのだろうか。

それは、

「支配者たちに都合が悪いから」

でしかない。移動せずに定住してくれることで、支配しやすくなる。戸籍や住民票には必ず住所が書いてある。どんどん移動されたら、支配者は税金も取れなくなる。

同じように、資本家も労働者には移動してほしくない。経営者は従業員に移動してほしくない。

過去の繰り返しからの脱出

第一章に詳しく書いたが、「定住が不幸のはじまり」なのにもかかわらず、私たちは定住こそ正義と教え込まれてきたのだ。それが間違いであることは、ほぼ証明されてきた。

今こそ、その洗脳から抜け出そう。そのために批判を覚悟で書いたのが本書になる。

もしあなたが移動力を身につけなければ、

これからも過去と同じ毎日を繰り返す

だけになる。本当にそれでいいのだろうか。あなたには無限の可能性が眠っている。

その可能性を発揮せずにいるのはもったいない。

あなたが行動すれば、救われる人もいるだろう。もし、あなたが本気になれば、周りに良い影響を与えるはずだ。

私たちは環境の生き物だ。あなたが行動をはじめて周りに良い影響を与えれば、周りの人も変わっていく。

本書を読むことで、あなたはきっと居ても立ってもいられなくなるだろう。そして、移動の重要性に本能的に気づき、見える世界が変わる。

あなたはもっと人生を楽しんでいい！

それでは第一章から読んでいこう！

長倉顕太

本書の構成について

本書の役割は、あなたに移動力を身につけてもらい、行動を変え、人生を変えてもらうこと。

第一章では、定住が人類の不幸のはじまりだったということを書いていく。移動する意義が腑《ふ》に落ちるはず。

第二章では、容易になった現代の移動について書いていく。簡単になった理由がわかり、すぐにでも移動したくなるはず。

第三章では、「住む場所」をテーマに書いていく。いろんな住み方が可能になっているにもかかわらず、大半の人が旧来の方法にとらわれてしまっている。

第四章では、「仕事」をテーマに書いていく。私たちはなんらかの形で収入を得る必要があるが、どんなライフスタイルを選ぶかによって選択肢はいくらでもあり、あなたの可能性が無限であることをわかってもらう。

第五章では、「コミュニティ」について書いていく。結局、人生＝人間関係。ここを変えることでしか劇的に人生は変わっていかない。

第六章では、「移動体質」になってもらうためのアクションプランを書いていく。ぜひ、実践してみてほしい。

目次

第2章

なぜ、移動中はインプット&アウトプットがはかどるのか？
～何をどう学べば、効果的か？～

第3章

なぜ、移動すると行動力が上がるのか？
～人が自然に「動き出す」ときの順番～

第4章

なぜ、移動する人は仕事にもお金にも恵まれるのか？
~3つの選択肢を自由に選べる人になる！~

第5章 なぜ、移動すると良い人間関係が増えるのか？
～キャラクター設定で、人生は思いのまま！～

第6章 移動体質をつくる30のアクションプラン

編集協力　森下裕士
本文デザイン・DTP　システムタンク（野中賢・安田浩也）
カバーデザイン　マツヤマチヒロ

第1章

なぜ、移動する人はうまくいくのか？

～「仕事」「人間関係」「お金」「時間」の悩みをすべて解決！～

今日も嫌なことばかりの日本

私たちは、日常で嫌なことに接することが多い。

政治は、国民の繁栄《はんえい》のためには不合理に動いているように見える。テレビのワイドショーや週刊誌では、著名人のプライベートの問題に他人が口を出す。妬《ねた》みなのかなんなのかわからないが、成功した人が何か失敗したらよってたかって叩《たた》く。

Xでは罵倒《ばとう》し合い、結果的に炎上することが宣伝になっていったりする。隣国との歴史認識の相違、ヘイトスピーチの問題もそうだけど、とにかく「憎しみ」が蔓延《まんえん》しているように思える。また、正義や道徳を楯として、日本人に不利になるような世論をつくろうとするメディアも多くある。

世界情勢を見渡しても、各地で戦争が勃発《ぼっぱつ》し、ネット上ではフェイクニュースが飛び交う。ＭＩＴ（マサチューセッツ工科大学）の研究によると、デマのほうが六倍速く拡散されるという。

『ネット右翼になった父』（鈴木大介／講談社）にあるように、ネット情報に免疫のない引退世代が、いつの間にかユーチューブを観て陰謀論にハマっていく事例も多い。一度、陰謀論の動画を観た人には次々と同じようなものが推奨され、まるで洗脳されたかのように陰謀論者やネット右翼になっていく。

また、日本がどんどん安くなっていくという情報も多くなってきた。とにかく日本は諸外国に比べて物価が安すぎる。しかも、円安も進み、今ではシーズンに関係なく、外国人観光客が日本中に押し寄せている。

驚くべきは、欧米だけではなく、最近ではアジア圏から多くの人が遊びに来ている。今では、タイ人観光客が、タイに行く日本人の数を上回っている。一九九〇年代に、日本人がアジアで豪遊していた逆の現象が起こっているのだ。

何が悲劇を起こしているのか？

私はこのような社会を不安情報社会と言っている。不安情報社会では、不安を煽《あお》るような情報ほど人気が出る。その結果、どんどんメディアは不安を煽るような報道をしまくる。

たとえば、災害が起きた当初、テレビをはじめとしたメディアは悲惨な状況を繰り返し報道する。しかし、しばらくすると数字が取れなくなるので報道しなくなる。

実際は、その後の支援のほうが重要にもかかわらず、人々の関心は薄れていき、被災者支援が不十分になってしまう。

あなたはこんな状況を見て、どう感じるだろうか。当たり前だが、こういった状況を少しでも変えたいと私は思う。私にも子どもがいるし、自分の子どもだけではなく、日本人の将来のために良い環境を整えたいと考えるのが普通だろう。

不安情報社会のせいとは一概には言えないかもしれないが、結果的に、**貧富の問題だったり、いじめの問題であったり、うつ病の問題であったりといった身近な問題につながっている**のではないかと考えてしまう。

こういった問題の根源はどこにあるのか。人が憎しみ合い、人と人を比べ、人に優劣をつける。このような行為はなんのためになされるのか――。

特に、パンデミック以降に、この傾向はどんどん強くなってきた。ステイホームという名のもとに、多くの人がネット情報に翻弄《ほんろう》されるようになった。

その結果、情報の真偽に関係なく、話題性のあるものがどんどん拡散されていき、人々の思考を支配していったのだ。

諸悪の根源はコレだった！

SF作家のジョージ・オーウェルが『動物農場』で描いたように、私たち人類がヒエラルキーをつくりたがる傾向を遺伝的に持っているからだろうか。

それが性《さが》だからか。性には逆らえない。たしかにそういう側面もあるかもしれないが、**問題を引き起こす最大の原因は、**「定住」ではないかと私は思っている。

あなたは、「何を言っているの？　人類は定住したから文明が生まれたんだよ」と思ったかもしれない。たしかに学校ではそのように教わる。でも、私たちの周りにある不幸は「定住」に理由があるのではないか――。

農耕が始まり、定住したことにより、権力が生まれた。

定住したから、領土という概念も生まれたし、農耕により余剰の食べ物が生まれ、納税という概念もできた。その段階でヒエラルキーが生まれたとも言える。

もちろん、狩猟時代も群れで暮らしていたから、そこにヒエラルキーはあっただろう。ただ、定住することによって、主人と奴隷《どれい》のような関係、現代であれば資本家と労働者という「より得する側」と「より損する側」の関係が生まれた。

そして、人間はコミュニティの中でヒエラルキーを構築していくわけだが、ここでは腕力ではなく駆け引きがうまい人が上にいく。まさに、人を蹴落としていけるような人たちがうまくいく。デュマの書いた小説『モンテ・クリスト伯』の前半のように、うまく立ち回った人たちが権力を持つようになっていくわけだ。

そう考えると、諸悪の根源は「定住」と考えてもおかしくない気もしてくる。

「定住」が生んだ無数の不幸

実際、全世界的なベストセラーになったユヴァル・ノア・ハラリ著『サピエンス全史』（柴田裕之訳／河出書房新社）にもこんなことが書いてある。

野生の小麦を採集していた人と、栽培化した小麦を育てていた人とは、何であれ単一のステップで隔てられているわけではないので、農耕への決定的な移行がいつ起こったかを正確に言うのは難しい。

だが、紀元前八五〇〇年には、中東にはエリコ※のような永続的村落が点在しており、その住民は栽培化したいくつかの種を育てるのに、時間の大半を費やしていた。

永続的な村落に移り、食糧の供給量が増えると、人口が増加し始めた。放浪の生活様式を放棄したおかげで、女性は毎年子供を産めるようになった。赤ん坊は幼くして離乳させられた。お粥《かゆ》で育てることができたからだ。

畑では、少しでも多くの働き手が必要とされた。だが、食べさせてやらなければならない人が増えたので、余剰の食物はたちまち消えてなくなり、さらに多くの畑で栽培を行なわなければならなかった。

※パレスチナ地方の古代都市

人々が病気の蔓延《まんえん》する定住地で暮らし始め、子供が母乳よりも穀類を摂取する量が増え、どの子供もしだいに数を増す兄弟姉妹と競い合ってお粥を手に入れようとするうちに、子供の死亡率が急上昇した。ほとんどの農耕社会では、少なくとも三人に一人の子供が二〇歳になる前に命を落とした。

それでも依然として、死亡率の増加を出生率の増加が上回り、人類はさらに多くの子供を産み育て続けた。時がたつにつれて、「小麦取引」はますます負担が大きくなっていった。子供が大量に死に、大人は汗水垂らしてようやく食いつないだ。

紀元前八五〇〇年にエリコに住んでいた平均的な人の暮らしは、同じ場所に紀元前九五〇〇年あるいは一万三〇〇〇年に住んでいた平均的な人の暮らしよりも厳しかった。

だが、何が起こっているのか気づく人は誰もいなかった。各世代は前の世代と同じように暮らし、物事のやり方に小さな改良を加える程度だった。皮肉にも一連の「改良」は、どれも生活を楽にするためだったはずなのに、これらの農耕民の負担を増やすばかりだった。

どうだろうか。この記述を読むと、私たちが教わった「定住は良いこと」というイメージは少し変わったんじゃないだろうか。

「とどまる」から能力は退化していく！

さらに、有名なミュージシャンであるブライアン・イーノが、二〇一六年にバルセロナで開かれた音楽とアート、テクノロジーの祭典「Sonar 2016」で興味深い話をしていた。

それは、「狩猟時代に比べて現代の人間の脳は小さくなっている」というのだ。

ブライアン・イーノはミュージシャンとしてロキシーミュージックに参加し、その後、ソロとしても活躍。またプロデューサーとしては、U2も手がけて大ヒットさせているすごいミュージシャンだ。彼は次のような話をしていた。

「過去[※]二万年を経て、人間の脳は小さくなりました。二万年前と比べて、一五％小さ

※ https://www.fuze.dj/2016/08/sonar2016-eno.html を参照

いんです。これって、皆さんが想像していたことの反対じゃないですか？　将来、脳はどんどん大きくなると思っていましたよね。でも、実際には反対のことが起きている。

二万年前のことを考えてみて。きっと一人ひとりが生存する方法について考えていましたよ。食べ物を集めるとか、その準備とか、動物を追いかけるとか、何かを感じるとか。生きるために必要な情報は全部記憶しなくちゃいけなかった。

でもその点で言えば今の私たちは、完全に役立たずです。みんな他の人の情報にアクセスして、〝のぞき見〟しながら生きていますからね」

どうだろうか。これも意外だったのではないだろうか。

先ほどは「定住が実は良くなかった」という話をしたが、今度は、実は私たちの脳は小さくなっているというのだ。

私たちは日々進化してきていると思い込んで生きてきた。でも、実際は退化しているのかもしれない。冷静に考えるとこれは納得できる。

狩猟時代はいつも何が起きるかわからないわけで、食料だって手に入るかわからない、敵だっていつ襲ってくるかわからないという状況だ。

それは、脳も大きくなるだろう。**サバイバル能力がないと生き残れない。**

私が重視している「ストリートスマート」もまさにこの能力だ。現代は予測不可能な時代だ。まさに何が起こるかわからない。ところが、私たち日本人は「答えありきの教育」しか受けてきていないから、予想外の出来事に弱い。

私はそういった若者たちに対して、海外に行くことを勧めたり、一緒に行ったりしている。当たり前だが、海外では日本でのルールは通用しない。そのため、全神経を集中させてサバイバル能力を蘇《よみがえ》らせるしかない。

海外に行って、忘れかけていたサバイバル能力のようなものを思い出してもらい、「ストリートスマート」体質に生まれ変わってもらおうとしている。

サバイバル能力を覚醒《かくせい》させる「不安定感」

現在の私のビジネスパートナーでもある人物の話をしよう。出会ったのは彼が二三歳のときだった。そのとき、彼は大企業の会社員で大阪在住だった。就職活動をしている人から見れば、羨《うらや》ましがられるような大企業だ。

ところが彼は、私がプロデュースした本に書店で出会い、そして、私が主催するセミナーに参加。その後、大企業を退職し、東京に引っ越してきてビジネスでも成功し、シンガポールに移住した。

その後、教育ビジネスをしたいということで、今では米国の名門MBAで学んでいる。このストーリーはたかだか一〇年くらいの話だ。

彼は大企業という安定を捨てたわけだが、成功要因のもう一つは東京に引っ越してきたこと、海外移住したことではないかと思う。

私は彼のような若者に会うことも多く、「会社は辞めろ」といつも言っている。「無責任なことを言うな」と言われるが、私は全く無責任だとは思わない。

自分で生きて行く力をつけないとこの先はろくなことがないし、日本においては会社員ほど割に合わないことはないと確信しているからだ。

むしろ、会社にいたほうがいいというアドバイスをする人のほうが無責任だと思っているくらいだ。なぜなら、「言われたことだけをやって生きろ」と言っているようなものだと思うから。

私の話を聞いて会社を辞める人もいる。そんな中で成功している人には共通点がある。それは、退職と同時に引っ越しもできた人間だ。

もちろん、会社員を辞めるだけでも「安定」を捨てることになるわけだが、引っ越すことで、さらに覚醒《かくせい》するのだろう。海外に行くのと同じように、過去のルール、今までのルールが通用しない人生に入っていくわけだから、サバイバル能力が目覚めるのだ。

というより、目覚めるしかないから、本来の能力が開花していくことになる。

移動することで「才能」「能力」が開花する

多くの人は、自分の能力に気づけていない。原因は、物事を感じ取るセンサーが壊れているからだ。

私は仕事柄、ビジネスや人生の相談に乗ることが多い。毎月一〇〇人以上と一対一で話しているし、一対多数であれば数百人と話している。

そこで感じるのが、そもそも「好き嫌い」を感じることすらできていない人ばかりだということ。

よく相談されるのが、「やりたいことがない」という悩み、もしくは、「月収一〇〇万円を得たい」「海外移住したい」という、ありきたりなウソの夢を叶えたいというもの。

やりたいことがないのも、ありきたりな夢を語るのも、すべては自分の「好き嫌い」を感じる能力が低下しているからで、センサーが壊れてしまっているのが原因だ。

センサーが壊れているから、他人の欲望が自分の欲望だと勘違いする。他人の夢を自分の夢だと勘違いする。だから、行動できない。

では、なぜセンサーが壊れてしまったのか。それは、教育や社会のせいだと言える。日本の教育は、簡単に言えば自分の意見を言わせない教育だ。

実際、私は子どもをアメリカで育てたが、自分の意見を言うのが当たり前の教育だった。逆に、日本社会では同調圧力が強くて、自分の意見を持つことすら許されない。このような環境では、自分の感覚を麻痺《まひ》させるしかない。その結果、センサーが壊れてしまう。

自分の感覚を取り戻すためにも、センサーを強制的に再起動せざるを得ない環境に身を置くしかない。そのときに有効なのが、**行ったことのない所に行くこと。全く違う環境に行くこと。**

過去の常識が通用しない場所に行くことで、人間が本来持っている感覚が蘇ってくる。その結果、自分の好き嫌いがわかるようになり、自分が本来、やりたいことが見えてくる。

人によっては、やりたいことよりも役割に気づくのかもしれない。なぜなら、社会や人に役立っていることで、生きがいを感じられるようになるからだ。

好き嫌いでも、役割でもいいが、自分が生きていく上での軸ができると人は能力を発揮するようになる。だからこそ、移動を勧める。

貯金ゼロのどん底だったが「移動」しまくってなんとか乗り切った

ここで、私の移動人生を話そう。私は三八歳まで、会社員として働いていた。普通の会社員と少し違うとしたら、出版社に勤めていたので基本的には外部の人と仕事をする点だ。著者、デザイナー、印刷会社というように、大半は外部の人との仕事になる。そして、著者はある業界での成功者であり、トップランナーだ。

一般的な会社員が同じ場所、同じ人と働くのに比べれば相当恵まれた環境ではある。とはいえ、会社員だ。そんなにしょっちゅう移動はできないし、出張も滅多にない。というより、年一回あればいいほうで、出張前はウキウキしていた。

そして、三八歳のときに移動人生が始まった。東日本大震災を機に、ハワイに移住した。当然、会社員は続けられないので、退職することになった。

とはいえ、遊んで暮らすほど貯金があったわけでもなく、むしろ貯金はゼロ。移住するにはビザも必要で、そのために借金までした。

もちろん、英語は話せないので、仕事は日本でやることになるから二重生活になった。東京とハワイで二重に家賃もかかるし、今思えばよく乗り切ったと思う。

そこからはひたすら移動の人生だった。アメリカは、賃貸物件の契約が基本一年。アメリカはオーナー（貸主）のほうが圧倒的にパワーバランスが強いから、契約中でも出て行けと言われれば出て行かなければならない。

そんな状況だったから、常に引っ越しを見据えながら生きることになる。しかも、賃貸専門の不動産業者は基本的にないから、英語もできないのにオーナーと直接やりとりしないといけないし、とにかくストレスだらけだった。

ただ、私の場合幸いだったのは、そこから遡《さかのぼ》ること一〇年。出版業界に入ったときから、あらゆる成功法則本を読んでいて「とにかく家賃の高い所に住め」という法則に慣れ親しみ、実践していたから引っ越しを毎年していた。

私が働いていた出版社はビジネス書系の出版社だったので、成功法則の類《たぐい》の本をたくさん出していた。私自身はそういうものをバカにしているほうだったが、読者の気持ちにならないとヒット作はつくれないと考えていたので、自分も実践するべきだと考えていて、あらゆることを試した。

その中に「家賃の高い所に引っ越せ」という教えがあったので実践していた。

今、思い返すと一年に一回は引っ越ししていた。とにかく、収入が上がるたびに無理やり家賃の高い所に引っ越し、最終的には月一〇〇万円を超える所に住むまでになっていた。

そうやって散財していたこともあり、ハワイに移住するときにはお金がなかった。だからといって、「お金がないから引っ越せません」という言い訳は通用しない。実際、第三章で、その辺りの戦略について詳しく書いていく。

なぜ、移動すればするほど収入が上がるのか？

移住による二重生活が始まった以上、会社員はやっていられない。当然、退職し、独立という話になる。私の場合、今でこそ「会社を辞めよう」と勧めているが、会社員時代は全く独立なんて考えていなかった。仕事も楽しかったし、結果も出ていたし、ある意味、充実していた。

でも、そんな私でも独立してみて、いろいろなものが見えるようになり、その結果、「会社を辞めろ」と言いまくっている。

会社員は、無意識的に心地良いので何も見えなくなっている。見えなくさせられているといってもいいだろう。だから、私は「会社を辞めろ」と言っている。

独立してからの私は会社員時代とは変わって、出張ばかりの人生になった。

出版社の会社員時代は、ビジネス書をつくっていたので、基本、著者は東京にいる人が多かった。たまに地方や海外にいる著者もいたが、本を書くくらいの人たちなので、東京出張があり、打ち合わせは東京で行なうことが多かった。

独立してからは、毎週のように東京、大阪、福岡と飛び回り、毎月アメリカと日本の往復をするようになっていく。拠点を日本に戻してからは、コンセプターの外所一石さんとともに地方創生チームなるものをつくり、毎月一回いろんな場所を訪れている。

そんな生活をしていくうちに、年収はどんどん上がっていき、本を出版するなど、会社員時代では考えられないような生き方になっていった。

つまり、「移動距離」が尋常ではなく変わったのだ。その結果、自分の才能、能力がどんどん覚醒していって、収入が驚くほど高まった。

前述したように、移動しまくることで感覚が研ぎ澄まされ、今まで見えなかったものが見えるようになった。**常識、世間体、同調圧力によって、見えなくなっていたもの、感じられなくなっていたものがわかるようになった。**

会社員時代の「定住」「安定」という環境から飛び出してみたら、全く違う世界が目の前にあったことに気づいたわけだ。

飛び出した瞬間は必死で何もわからなかったが、しばらく時間がたってみると、同じ世界に生きていながら、全く見えるものが違っていることに気づいた。

人生を好転させたいなら、移動するのがてっとり早い！

そして、それ以上に大きかったのは、自分の可能性に気づけたことだ。「定住」「安定」

の環境にいるときは、その環境内でのキャラクターで生きているだけ。しかも、そのキャラクターは「定住」「安定」の環境下なわけだから、徹底的に固定化されてしまう。「定住」「安定」の外に行くことで、環境そのものが流動的になるのでキャラクターも流動的になる可能性が出てくる。流動化するということは変化の可能性が大きくなることだから、人生も変わるし、能力も変わっていく。

逆を言えば、「定住」「安定」は私たちの能力を制限し、人生を徹底的につまらないものにしていくだけだ。

本書を読んでくれているのなら、おそらく少しでも人生を変えたいと思っているはずだ。**人生を変えるというのは、キャラクターを変えることでしかない。**昔、「高校デビュー」(中学時代さえなかった人が、高校入学を機に派手になる)なんて言葉があったが、環境を変えてキャラクターを変えるのはよくあること。

つまり、キャラクターを変えるには、環境を変えるのがてっとり早い。言い方を変えれば、人生を変えるには環境を変えるのが早い。

私はいわゆる自己啓発と言われるジャンルの本やコンテンツをつくることが多い。

そんな中で、多くの人が人生を変えられずにいるのも見てきた。その人たちに共通するのは移動が少ないということ。多くの場合、同じ場所に住み続けたり、ひどい場合だと、生まれてからずっと地元を離れたことがない人もいる。

一方、私の周りにいる成功者（何をもって成功かは置いておいて）は、移動力に優れている人が多い。二拠点生活しているような人も多いし、子連れでも世界中を旅していたりする。

移動することで人生を激変させた、ある若者の話

私は自分自身が移動をしまくることで、能力を開花できたと思っているし、人生を楽しいものにできたと確信している。

だから、多くの人にそのことに気づいてもらいたくて、本書も書いている。かつては、東京、大阪、福岡にシェアハウスのようなものを持ち、気軽に住めるような環境づくりもしていた。こういう言い方をするとかっこいいが、私がやっている若者のコ

ミュニティの人々に寝床を提供していただけだ。

そこでも、いろんなドラマがあったが、私が特に印象的だったのは、壱岐島《いきのしま》（長崎県の離島）から出てきた二人だ。彼らは高校の同級生で、福岡で暮らしていた。一人は飲食店で、もう一人は理容室で働いていた。

私が彼らに会ったのは、福岡での講演会の打ち上げ会場だ。酒が入っていたこともあり、「明日から東京に来れば？　明日の正午に博多駅で待ってるよ。交通費は出すよ」と誘ったら、本当に翌日正午に二人は駅にいた。

後から聞いてみると、私が東京に誘った打ち上げが終わったのが夜中だったため、翌日の正午に間に合わせるためにその日のうちに部屋の荷物を詰め込み、レンタカーで知り合いの所まで急いで運んだらしい。

もう一人はちょうど、新しい部屋の契約が終わったばかりでまだ鍵も受け取っていない状況だったという。

普通だったら移動しないだろうタイミングで移動したわけだ。その後、二人とも、グラフィックデザイナー、映像ディレクターとしての道を歩んでいく。

壱岐島で育った二人がいまやクリエイターとして頑張っているわけで、あのとき彼らが東京に来なければここまでの人生の変化はなかったはずだ。
だから、私はもっと多くの人が簡単に移動できるような環境をつくりたいと思っていて、たくさん寝床を提供していきたいと思っている。いずれは、これを海外にまで広げられればと考えている。

同じ環境に居続けると、心も体も病む

ここまでは、移動が能力を開花させることについて書いてきた。しかし、**移動が能力だけでなく、健康面でも良いことがわかっている。**先ほども引用した『サピエンス全史』に次のように書いてある。

古代の狩猟採集民は、感染症の被害も少なかった。天然痘《てんねんとう》や麻疹《ましん》(はしか)、結核など、農耕社会や工業社会を苦しめてきた感染症のほとんどは家畜に由来し、農業革命以後

になって初めて人類も感染し始めた。犬しか飼い慣らしていなかった古代の狩猟採集民は、そうした疫病を免れた。

また、農耕社会や工業社会の人の大多数は、人口が密集した不潔な永続的定住地で暮らしていた。病気にとって、まさに理想の温床だ。一方、狩猟採集民は小さな集団で動き回っていたので、感染症は蔓延のしようがなかった。

つまり、すべてではないがあらゆる病気は定住がもたらしたというのだ。しかも、人類にとって致命的な疫病のようなものほど定住するようになってから発生したという。新型コロナウィルスの世界的な蔓延も記憶に新しいところだ。

これも面白いと思った。なぜなら、人が留まり続けることで病気が発生しているとしか思えないからだ。人が本能的に移動しようとしてるかのように。

医学博士でもない私が言うのもおかしいが、実際、転地療法という治療法があるのは事実。転地療法とは、住んでいる土地を離れて治療する方法で、かつては、治療方法が解明されていない病気などで採用されていて、裕福な患者を収容するためのサナトリウムや別荘地が各地にできていた。

現代でも精神的なものが原因の症状などに対して、転地療法は認められていたりする。特に、うつ病なんかは環境が変われば治ったりするのはよく聞く話だ。

現代の病はストレスからくるものが多い。そして、ストレスもまた同じ環境に居続けることによって感じるのではないだろうか。人間関係もまた環境がつくり出すわけだから。

私たちが行動できない根本的な理由

ここまでは「定住」の悪い部分にフォーカスしてきた。

「定住」に付随して、私たちの能力や人生に制限をかけるものに「安定」がある。

結局、私たち人類は「安定」が欲しくて「定住」を選んだと言っていいだろう。そして、いまだに私たちは「安定」を欲してしまうようにできている。

私が不思議に思うのは、「退屈な人生に嫌気がさしている」と言いながら、安定も同時に求めている人が多いことだ。

よく考えればわかることだが、安定＝退屈に決まっている。にもかかわらず、なぜか私たちは「安定」を求める。特に日本にはその傾向が強く、調査によっては中高校生のなりたい職業の第一位が男女共に公務員だったりする。

やりたいことがない子たちは、会社員、医療関係者、地方公務員になりがちだ。つまり、私たちが受けてきた教育の賜物と言っていい。安定を求めるように洗脳されているとも言える。

だから、やりたいことがない子は自動的に、安定していそうな会社員や、医療関係者、地方公務員を選択してしまう。こう言ったら申し訳ないが、これらを選択している子の大半はいわゆる常識にとらわれていると思っていいだろう。

しかも、教師や親もそれを後押しする。学校教育の中で自分の意見を言えなくするのだから、教師や親に勧められてしまえば断れなくなるのは想像に難くない。

これらの仕事が悪いと言っているのではない。もちろん積極的になりたいのならいい。しかし、消去法的にこれらを選ばされているのなら問題だ。安定を重要視する洗脳教育を受けることにより、自分に制限をかける人間がつくられていく。

実はこれは国の未来にとても良くない。なぜなら、医療関係の大半は老人に対するものだし、地方なんて老人ばかりだからだ。つまり、若い労働力が老人のために使われているということ。未来ある者の能力や時間を未来の老人に投資されてしまっている。日本が没落している原因の一つがここにある。

このように安定思考が人々の可能性を制限し、国力まで衰えさせているのだ。

しかし、国民の大半がそういう人間だし、多くの会社の中の人間がそういう人間だし、多くの学校の先生、生徒、親がそういう人間だ。

そんな環境の中で生きていけば、安定を求める思考は強化されていくだろう。どんどん強化されれば、それしか見えなくなる。どんどん視野が狭くなる。

そんな人生を変えるには環境を変えるしかない。環境を変えるということは、移動することだ。

まずは移動することで、今までと違う景色が見えるようになり、今まで狭い世界に閉じ込められていたことに気づける。

昔から「人生を変えたければ環境を変えろ」ということは言われてきたが、多くの人が引っ越しすらできない。

移動することで、自分の人生を取り戻そう

だから、そんな安定を欲するように教育されてきたあなたの脳に、「移動」という刺激を与えることで、自分の人生を取り戻してもらいたい。

ここまで書いてきたように、私たちの人生に制限をかけてきたのは、安定を求める思考だ。その結果として定住があり、そこから生まれた権力がまた安定を欲するように洗脳していくという悪循環だ。

この悪循環を打破するには、とにかく移動するしかない。現状維持を強く求める私たちの人生を強制的に変えてくれるのが移動だ。

そして、何よりも現代の私たち、特に日本人は、移動がかなり容易にできるようになったし、今まで移動することでこうむっていたデメリットでさえほとんどなくなっ

た。

だからこそ、今こそ、移動していこう。

次章では、「どれだけ移動が簡単になったのか」、そして、「移動中にどれだけのことができるようになったのか」などを書いていく。

これを読むことで、安定を求めていたあなたの脳が刺激を受け、洗脳から解かれることになるだろう。

第1章まとめ

- 「移動」があなたを、サバイバル能力が高いストリートスマートに変える
- 今のルールが通じない所に身を置くと、本来の能力が開花する
- 定住、安定を手放すと、収入が驚くほど上がる
- 人生を変えたいなら、キャラクターを変えること！
- 「移動」で脳に刺激を与え、あらゆる制限を取り除く

第2章

なぜ、移動中はインプット＆アウトプットがはかどるのか？

～何をどう学べば、効果的か？～

〝都合の良い人〟になるのはやめなさい

ここまでで、あなたも「定住」と「安定」が、いかに私たちの能力の発揮を阻害してきたのかがわかったはずだ。

納得していない人は、よく考えてみてほしい。資本家、権力者たちにとっては、「安定」を求めてくれたほうが、都合が良い。なぜなら、扱いやすいからだ。

会社員の状況を考えたとき、関わる人、働く時間、働く場所を選ぶことができないわけで、これは完全に生存権を奪われていると言える。

言われたことを、言われた時間に、言われた場所でやるしかなくなるわけだから、雇う側、権力者には都合が良い。

そして、その対価として低い給料というエサを与えられる。アメリカの平均年収は七〇〇万円ほどで、日本人の平均年収と約二六〇万円も差がある。

初任給2000万円の世界

アメリカの大学のツアーに行って私は驚いた。説明会で聞いたのは、いわゆるトップ校を卒業した人の初任給は、日本円で約二〇〇〇万円以上なのだそうだ。

そもそも、大学の学費ですら年間一〇〇〇万円以上なわけだから当然なのかもしれない。ただ、年収も学費も一〇倍近くの差が日本とつくのは異常と言える。

私が学生の頃の一九九〇年代は、日本人は自費で留学していた。今では、何かしらの奨学金を得られなければ留学はできない。

この賃金差を利用して、ワーキングホリデーに行く若者も多くいる。実際、国にもよるが、週三〜四日の労働で月四〇〜五〇万円を稼げるという。ただ、当然、生活コストも高いわけだから、外国がいいとも日本がいいとも一概には言えない。

しかし、本書のテーマである「移動」という観点からいくと、やりたいことがない若者にはワーキングホリデーは選択肢の一つとしてはありだ。ただし、キャリアにはつながらないので、そういう期待はしないで行くのがいいだろう。

日本はどんどん沈んでいる。「海外に行け」と言うわけではないが、特にあなたが若いのなら、現状維持を続けるのはもったいない。

衰退する日本にとどまるのは、もったいない

かつてないほど移動は簡単になった！

日本人の大半が会社員をやり、学生たちもそれを目指すという不思議――。

目覚めるための第一歩が「移動」だ。

しかも、「移動」がこれほど容易になった時代はかつてないから、私はしつこく「移動」を勧めている。とにかく「移動」することに価値がある。目的なんてどうでもいい。まずは「移動」だ。

たとえば、海外旅行を例にとってみよう。私が二〇代の頃は海外に行くとなったら、まずは街中の旅行代理店に行くことになる（旅行代理店もどこに行けばいいかわからないから、当時は、『エイビーロード』といった雑誌に広告を出している所に行くしかなかった）。そこで、航空券について聞き、納得したら購入手続きに入る。

ところが、今ならインターネットで検索して、その場でチケットが買えてしまう。場合によっては、その日のうちに出発して、その日のうちに海外にいることも可能だ。たとえホテルが決まっていなかったとしても、ホテル予約サイトで検索して予約すればいい。

昔だったら、ホテルだって旅行代理店を通しての予約だった。宿を取らずに現地に着いたなら電話帳で調べて電話して予約するしかなかった。

当然、英語が必要なわけだけど、今のホテル予約サイトはだいたい日本語で予約できてしまう。

もちろん、海外だけでなく国内もどんどん移動しやすくなってきている。海外同様、航空券を取るのも容易になったし、東京から大阪に行く新幹線なんて五〜一〇分に一本ぐらいの頻度で出ている。

私が強調したいのは価格のことよりも、チケット購入がインターネットにより簡単になったことだ。スマホによりいつでもどこでも入手可能になった。

国内移動については、価格以上にこちらのほうが変化は大きいだろう。私が利用しているJR東海のアプリでは、スマホで予約でき、チケット発券なしで、スマホでそのまま改札を通過し乗車できてしまう。

たとえば、大阪のホテルを出て、新幹線の駅である新大阪に向かうタクシーの中でチケットを買えば、駅で新幹線を全く待たずに乗れてしまう。時間を重視したいせっかちな私としてはありがたいサービスだ。

目的なんかどうでもいい！　とにかく移動することに価値がある！

ライドシェアの今後は？

おそらく今後、日本でもウーバーなどのライドシェアが認められるようになるだろう。

今はタクシー業界の抵抗もあり、なかなか浸透しづらい状況ではあるが、タクシー運転手の高齢化、外国人観光客の急増により、普及する方向にいくと私は考えている。

アメリカに行けば、ウーバーやリフトといったライドシェアなしでは生活できない。そして、これらのおかげでアメリカをより楽しめるようにもなっている。

アメリカは車社会だから、レンタカーを借りない限り、行く場所も限られていた。しかし、ライドシェアのおかげで移動が容易になった。

特に日本の地方だけでもいいから、早く普及してもらいたい。地方に行くとタクシーが全くいなかったりするからだ。

地方も車社会なわけで、車と時間を持て余している人の収入源にもなるし、観光業がより活性化するはずだ。

ライドシェアで移動がより楽になる

"世界最強のパスポート"を徹底的に使う

移動そのものが容易になり、簡単になってきている。

これは私たちが日本に住んでいるのも大きい。深夜の高速バスだって、治安が良いから成立している。日本以外の国であれば女性が一人で乗るのはお勧めできない。

以前住んでたサンフランシスコでは、男性の私でも夜に外出することはなかった。世界のインターネット業界を牽引《けんいん》する名だたる企業があって、家賃もアメリカで一番高い地域にもかかわらずだ。

実際、私のコミュニティの若者たちがサンフランシスコに来たとき、若気の至りから深夜に外出したところすぐに絡まれていた。幸い大事にはいたらなかったが、それが世界の常識なのだ。

ただし、日本も今後、治安が悪化する可能性がある。欧米諸国と同じ運命をたどる可能性が高い。

さらに、前述したように日本の賃金は世界的にみて安いので、優秀な人が移民として来ることは考えづらい。日本の人口減少に伴う労働力不足を外国人で補うことになる。不良外国人しか移民に来ないなんてことになる可能性も高い。

ただ、これはあくまでも未来の話で、今は世界一治安が良い国と言える。

治安だけでなく私たち日本人はさらなる恩恵を受けている。それは、日本のパスポートだ。二〇二四年にヘンリー・アンド・パートナーズ社が発表したグローバルパスポートランキングによると、**日本のパスポートは第一位**だ。二〇二三年は三位になったが、一位に返り咲いた。

日本のパスポートだと**ビザなしで一九四の国に行くことができる。**これは本当にラッキーだと思ったほうがいい。先ほど書いたように、スマホで航空券を取ってすぐに海外に行けるのも、ビザなしで行ける国が多いからだ。もし、ビザが必要であれば、各国の大使館に行ってビザを取る必要が出てくる。

日本人で、日本に住んでいるというだけでこれだけ恵まれているのだから、移動しない手はないだろう。ちなみに、パスポートランキングの最下位はアフガニスタンだった。ビザなしで行ける国は二八しかない。

このように最強の日本のパスポートだが、残念なことに日本人の保有率は約一七%だという。一〇人に一・七人しかパスポートを持っていないことになる。

他の国を見ても、アメリカは約五割というから相当少ない。これはかなりもったいないとも言えるが、実際にアメリカでは日本人が減ったと言われることが多い。留学生も激減しているというのは有名な話だ。

サンフランシスコなんかは、アジア人の比率がかなり高いにもかかわらず、あまり日本人に会うことはない。家賃が高すぎて駐在の人が住めないというのもあるかもしれないが、観光に来ている人も少ないように感じる。

ただ勘違いしないでもらいたい。**私はよくありがちな「海外＝自由」みたいなインスタグラマーのようになれというわけではなく、移動しまくれと言いたいだけだ。**極論、観光すらしなくてもいいと思っている。

一部の日本人が考える「海外＝自由」という概念は、それ自体が陳腐《ちんぷ》であり、そんなものにあこがれている時点で視野の狭さを露呈している。

海外に住んでいる日本人はいるわけで、そういう人にとって海外渡航は日常風景だ。「海外＝自由」と思っている時点で、どれだけ移動していないかの証拠とも言える。

だからこそ、最強のパスポートを今すぐ取り、移動しよう。私の場合、自分のコミュニティに入ってきた人にまず聞くのは「パスポート持ってる？」で、持ってないなら「明日、パスポート取ってこい！」と言っている。

あなたも世界一のパスポートの恩恵を享受しよう

どこでも暮らせる力を若いうちにつけるメリット

私は理想を言えば、若者は日本だけでなくどこでも暮らせる力をつけるべきだと思っている。残念だが、ワーキングホリデーは現地の人からすれば、都合の良い労働力でしかない。

だから、現地の大学や大学院への留学ができる人を多く輩出したいと思っている。

理想を言えば、中学生くらいから留学できたらいいだろう。それで、海外の大学を目指す。今ではボーディングスクール（全寮制の学校）やインターナショナルスクールに子どもを入れる日本人も増えてきた。

私は子どもをアメリカで育て、トップ校に通わせているので、多くの人から相談を受ける。

私が伝えるのは、**「とにかく親が情報を入手しよう」**ということ。

それもあって、海外の最先端の教育事情に詳しいスタンフォード・オンライン・ハイスクールの星友啓校長の本やコンテンツのプロデュースもさせてもらっている。

子どもは中学生から留学させよう

「時間がない」は言い訳でしかない

このように「移動しろ」「移動しまくれ」なんて言っていると必ず言われるのが、「そんな時間はない」ということ。

どんなに移動が「気軽になった」と言っても、時間がなければできないと……。

たしかに時間の確保は必要だ。ただ、**私が移動するメリットとして挙げたいのは、時間を有効に使えるということ**も含まれる。

私の場合は、むしろ移動があることによって仕事が捗《はかど》る。私の仕事はスマホかＰＣがあれば基本どこでもできるからだ。さらにインターネット環境があれば最高だ。ただ、今は、つながらない環境のほうが少なかったりする。

実際、東京から大阪に行くときに、時間のかかる「こだま」「ひかり」に乗っていくこともある。空いている上に、乗車時間も長く、仕事も捗る。

海外にビジネスクラスで行けば、一〇〇万円以上かかることもあるが、仕事ができるなら高くはない。私はエコノミーでも平気だが、たとえば原稿の執筆なんかするときはあえてビジネスクラスに乗るようにしている。快適な空間ということもあるが、貧乏性の私は「もとをとってやる」とやる気が湧くからだ。

移動しながら仕事をすると捗る

リモートワーク、ギグワークの魅力とは？

しかし、移動しながら仕事ができるのは、リモートワークが許されているからだ。パンデミックのおかげで、多くの企業がリモートワークを認めるようになったのは大きい。私の会社の社員も入社二年目からはリモートワークを認めているので、地方に住んでいるメンバーもいる。

スマホやパソコンがあればできる仕事であれば、いまや海外でもできる。とはいえ、海外からのリモートワークを許してくれる会社は少ない。だから、私は会社員ではない働き方をするべきだと思っている。

実は私は『GIG WORK《ギグワーク》』（すばる舎）という本を書いているのだが、これからの時代はプロジェクト単位で仕事をしていく選択肢を持つべきだと考えている。私の仕事は、ほぼプロジェクト単位で動いている。

プロジェクト単位でやる仕事の魅力は、メンバーが違うプロジェクトに複数関われることと、期間が決まっているということの二つだ。

環境＝人間関係でもあるので、いつもの固定メンバーではないことは移動と同等の価値があるし、期間が決まっていれば多少のことも耐えられる。

もちろん、こういう働き方が向いていない人もいる。正社員という環境で心理的安全性を確保されることで力を発揮する人もいるからだ。そういう人はリモートワークが許される会社を選ぶといいだろう。

これからはプロジェクト単位で仕事をする時代

移動中にやるべき2つのこと

あまり生産性という言葉は使いたくないが、移動中に生産性を高める工夫は必要だ。先ほども書いたように移動中にできることが増えたからだ。

人生を豊かにするためにも、移動中の時間をどう使うかが重要になってくる。

私の場合はデスクワークというのはほぼない。あるとしたら、本の原稿を書くときにカフェでやるくらいだ。

事務所はあるが私のデスクはないし、自宅にも仕事をするためのスペースはない。最近だと、多少の長文を書くのもスマホで終わらせている。実際、スマホだけで作品を書き上げる小説家もいる。**すべての「やらなければいけないこと」の処理は移動中に可能になったと言ってもいい。**

私がタクシーを多用するのも、その時間で仕事ができるためだ。

「移動中に何をやるか」が、人生を大きく変えることになると私は思っている。だから、次章でも詳しく書くが、満員電車で通勤通学というのは勧めない。

また、移動中にあなたがやるべきことのもう一つは**インプット**だ。インプットと言ってもピンとこないかもしれないが、あらゆる情報収集をそこで行なってほしい。

本を読む、音楽を聴く、映画を観る、資料を読む、なんでもいい。あらゆるインプットはすべて移動時間中にやっておきたい。

私の場合は、音楽を聴きながら本を読む。映画は長時間の移動のときに、まとめて観るようにしている。

よく考えてみてほしい。移動中にぼけーっと時間が過ぎるのを待っているだけの人と、どんどんインプットをしている人とでどれだけ大きな差が生まれるか。

たとえば、一日二時間移動する人は、年間で七三〇時間、インプットする。

寝る時間を含めた生活に必要な時間を八時間と設定したら、約四五日分の時間になる。これだけで人生が豊かになると断言できる。

移動時間で、「やるべきことの処理」と「インプット」をする

解像度の高い地図を手にするためのインプット

私がインプットを重視するのは、私たちには人生を生きる上で地図が必要だからだ。それにもかかわらず、生まれたときから「教育」という名の洗脳により、私たちは偽物の地図を持った状態にいる。持たされたのは限られた狭い世界の地図であり、ぼやけたあいまいな地図だ。

だから、自分がどこにいるかという現在地もわからないし、目標という目的地を設定してもぼやけた地図だから行き方がわからない。

そんな状態が今の日本人の置かれている環境なので、私はインプットをまずは徹底的にしなさいと唱えている。

多量のインプットにより、今まで知らなかったことを知るようになり、広い地図が手に入る。良質のインプットにより、読解力が身につくから詳細な地図が手に入る。

また、このようにインプットを質、量ともに増やしていくことで、脳の中身を総取っ替えできる。今あなたの目の前に広がっている世界は、すべてあなたの脳というフィルターを通して見えているものだ。

つまり、脳のフィルターが違えば、見える世界も変わるということ。

あなたが生きていてつまらないなら、見える世界がつまらなくなるようなフィルターを持っているということ。よく言われることだが、それぞれの人が同じ場所にいながら、違う世界に生きているわけだ。

だからこそ、同じ東京にいながら数億円稼ぐ人もいれば、全く稼げない人もいる。これはフィルターの違いであり、**稼ぐ人は稼ぐチャンスが見えるフィルターを持っているだけのこと。**この話は重要だ。

本書の趣旨と少しずれてしまうかもしれないが、「脳のフィルターを変える」、すなわち、脳の中にある情報を変えるだけで、違うステージに行けるということ。

物理的に同じ場所にいたとして、インプットを変えてフィルターも変えれば違うステージに立っているに等しい効果が得られる。

だから、インプットの質、量を変えることが人生を変えることに直結する。そして、忙しい現代人にとっては移動中こそが最良のインプット時間と言える。

稼ぐ人のフィルターを持つために、脳の中の情報を入れ替える

ベストセラーは読むな！　では、何を読む？

「本を読め」と言うと必ず聞かれる質問が、「どんな本を読めばいいのですか？」というもの。

私は、できれば自分で好きに選んでほしいと思っている。

ただ、ヒントだけは伝えている。私は編集者としてベストセラーを狙っていたのに矛盾してしまうが、ベストセラーを読むことを勧めない。

本書も内心はベストセラーにしたいから歯がゆいわけだが、せっかく買ってくれて読んでくれているあなたにだから本当のことを言う。

ベストセラーというのは多くの人が読む本だ。だから悪い本ということが言いたい

わけではない。

人生をうまくいかせるには、その他大勢から抜け出すことが重要になってくる。そのときに、ベストセラーを読んでいるとその他大勢のままだ。

だから、私がいつも言っているのは「**ベストセラーを読むのではなく、ベストセラー作家が読んでいる本を読め**」ということ。これはベストセラー作家に限らず、クリエイターの読んでいる本もお勧めしたい。

私が言うクリエイターは、映画監督、ミュージシャン、デザイナーといった人たちだ。今は多くのベストセラー作家やクリエイターたちがXなどのSNSをやっているので、そういう人たちをどんどんフォローしていこう。

できれば日本だけでなく海外の人物もだ。SNSは翻訳機能があるので英語ができなくても大丈夫。

ただし、ベストセラーと言っても古典は別だ。何十年前のもの、場合によっては一〇〇年以上読み継がれている小説や哲学書。**これらは長い年月読み継がれてきたものであるから、相当の価値があると思っていい。**時代を超越して読み継がれるものには、人間の普遍的な何かが描かれていることが多い。

想像してみてほしい。最近出た本で今後何十年も読み継がれるものが何冊あるだろうか。そう考えると何十年も残っている本には何かがあるのだ。

そして、古典を読むのは難しい。だからこそ意味がある。

それは、読解力がつくからだ。先ほども書いたが、読解力がないことがあいまいな地図の原因だからだ。ぜひ、古典を頑張って読んでいこう。

ベストセラー作家、クリエイターが読んでいる本を読む

集中力がなくても、本を最後まで読む方法

何を読めばいいかがわかったら、次はどう読むかを知りたいだろう。

多くの人が普段から読書に慣れていないために一冊を読むのに苦労する。そこで私が勧めているのが、「検索」と「メモ」を多用する読書法だ。

まずは読む本が決まったら、その本のタイトル、著者をそれぞれ検索する。できれば一〇個以上のサイトを参考にしよう。そうすれば、**その本の内容もだいたいわかるし、著者に興味が湧けば読むときにより読みたい気持ちが高まる。**これをやることによって脳が飽きないので、多少難しい本でも読めるようになる。

さらに、著者に興味が湧けば、他の本も読みたくなり、どんどん読書が広がっていく。本の中に出てきて興味を持った人、出来事、場所、作品といったものをどんどんスマホにメモしていく。

そして、それについて検索していくことで、あなたの知識はどんどん広がっていくことになり、興味の範囲がどんどん広がっていき、脳が知識に貪欲《どんよく》になっていく。こうなればあなたは立派な読書家だ。

この方法を教えると必ず聞かれるのが、「先入観を持って読んでも意味がないのではないでしょうか？」という質問。

これに対して私は「最大のリスクは本を読み終えないことだから、先入観があろうがなかろうが関係ない」と答えている。

その上で、最後まで読みやすくする工夫が重要だということ。読む前にある程度内容がわかっていれば、多少、集中力を欠いたとしても最後まで読める可能性が高まる。実際、私が読書を勧めてから本を読むようになり、読書が好きになった若者を何人も見てきた。

ということは、現在、読書に興味が持てないのは脳の使い方の問題なのだ。脳を刺激するために「検索」と「メモ」を多用しよう。

「検索」と「メモ」で脳を飽きさせない

音楽を聴いて、抽象思考ができるようになる秘訣

次に音楽だ。そもそも人生において音楽が必要かということだが、私は音楽というカルチャーの持つパワーはすごいと思っている。

第一章で書いたように、定住により権力が生まれ、戦争が起こり、広まっていくわ

けだが、同じように音楽は国境も時代も超える。

だから、音楽を知ることは重要だ。私はポップミュージックを中心に聴いているが、そもそものルーツはすべて黒人音楽だ。ロック、ジャズ、ソウル、ヒップホップなどいろんなジャンルはあるが、ほとんどは黒人音楽がルーツだ。

私の場合は一九八四年から洋楽を聴いていたおかげで、あらゆるカルチャーを知ることができた。そして、カルチャーを知るということは歴史を知ることになり、あらゆるものに興味がわき、知識が広がる効果がある。

さらに、ミュージシャンたちの本まで読めば、知識は多面的になりあなたの世界はどんどん広がっていくだろう。ここで散々「ルーツ」という言葉を使ったが、私はルーツをたどるという行為が生きていく上でとても重要だと思っている。

読書の項目で書いた「ベストセラーを読むのではなく、ベストセラー作家が読んでいるものを読め」というのも、ある意味、ルーツをたどることである。

ルーツをたどることで知識がどのように広がっていくのか、どのように追求されていくのかがわかる。

また、ルーツをたどることで、抽象度の高い思考が手に入ることも大きなメリットだ。ロックとソウルというジャンルがあり、抽象度が一段上がると黒人音楽になるように、最大公約数的に物事を捉えることができるようになる。

これができるようになると、**物事を抽象度高く見ることができるようになり、物事や事象の差を発見できたり、分類、分析ができるようになる。**

もう少し詳しく言うと、私の場合は日本とアメリカを行き来して暮らしているからこそ、日本の良さ、悪さ、アメリカの良さ、悪さが見える。

もし、どちらかにしか暮らしていなければ何も見えなかっただろう。日本だけではなくアメリカにも住んだことで、地球単位で物事が見えるようになった。

だから、私はルーツを探求することが重要だと思っているし、特に音楽はやりやすい。それにルーツをたどれば多くの場合、海外アーティストに行き着くのもメリットだ。

移動中に読書をしながら音楽を聴く場合、日本語の歌詞だと本に集中できなくなる。読書しながら聴くには、外国語の曲か歌詞のないものがいい。

映画は、すべてが詰まった「最高の教材」である

映画についても触れておこう。ネットが速くなってからの劇的な変化は、映画を移動しながら観ることができるようになったことだ。これは相当な革命と言っていい。

しかも、ネットフリックス、アマゾン、アップルといったサービスが次々に出てきて移動中にレンタル購入して、そのまま映画を観ることができる。

私の場合は、途中で途切れるのがストレスなのでストリーミングではなく、一度、iPad にダウンロードしてから観るようにしている。これは個人的なことになるが、私は集中力がないので途切れ途切れで一本の映画を観るようにしている。スマホでも観ることは可能だし、本を読むよりも楽なはずだ。

映画の中には、音楽、ストーリー、ファッションといったすべてが詰め込まれている。特に、音楽、ファッションが入っているので、その映画の舞台になった年代のカルチャーを学ぶことができるのも大きい。さらに、歴史的な事件を題材にしたものも多いので、学びも多い。

ベトナム戦争の映画などは特に多いが、私は六〇年代のカルチャーも好きだったのでそのへんから音楽やファッションや小説をたくさん知った。

ちょうど、中学生のときにオリバー・ストーン監督の『プラトーン』が流行ったこともあり、そこからマイケル・チミノ監督で若き日のロバート・デ・ニーロやメリル・ストリープなんかが出演している『ディア・ハンター』、フランシス・フォード・コッポラ監督の『地獄の黙示録』を知るようになった。

『プラトーン』からはジェファーソン・エアプレインの『ホワイトラビット』という曲、『地獄の黙示録』からはドアーズの『The End』という曲を仕入れて、六〇年代のサイケデリックロックを知るようになった。当時のフラワームーブメントを知るわけだが、かつて私が住んでいたサンフランシスコはまさに中心地だったわけで、ジャニス・ジョプリン、グレイトフル・デッドなんかも輩出していてより興味が湧いた。どんな映画を選ぶかということに関してだが、監督別で観たり、俳優別に観たりでもいい。特にお勧めなのがドキュメンタリーだったりする。先ほど紹介したネットフリックス、アマゾン、アップルはかなり充実している。

どのように観るかについては、読書と同様に「検索」と「メモ」をしながらがいい。ぜひ、映画も「検索」と「メモ」を多用して観ていこう。

カルチャーを知ると、学習意欲が湧く

移動中のアウトプットが人生を変える

どうだろうか。ここまで移動中のインプットについて書いてきたが、人生はアウトプットそのものだということを忘れないでほしい。

行動、結果といったものはすべてアウトプットだ。ただ、**アウトプットはインプッ**

トがあってはじめて成立する。

したがって、**質の低いインプットは質の低いアウトプットを生むだけ。**だから、この章ではインプットについて多く書いた。

後で詳しく書くが、アウトプットの一つであるＳＮＳでの情報発信は人生を変えるには有効だ。私は昔から情報発信を教えているが、多くの人が大きく人生を変えていくのを見てきた。

ＳＮＳに関しては、まさに移動中にスマホでできることであり、人生を変える出会いを多く生むツールとも言える。そこをうまく使うためにも移動中のインプットが不可欠だ。良質なインプットから良質なアウトプットが生まれるからだ。

そして、アウトプットでいえばもう一つ。

私は基本、デスクワークをせずに移動中に何もかも考える。動きながら考えたほうが良いアイデアが湧くからだ。

編集者時代はタイトルを考えるときは、基本的に街中を歩きながら考えた。机で一生懸命タイトルや企画を考えている部下を見るたびに「外に出てこい」「パチンコでも行ってこい」とよく言ったものだ。

アイデアというアウトプットも移動中のほうがいいものが出ると思うので、どんどん外に出て行こう。


この章では移動がどれだけ容易になったか、だからこそ、積極的に移動して、移動中を価値ある時間にしてもらうための方法を書いた。

次章では、「引っ越し」に焦点を当てていく。

私は「引っ越しすらできないやつは人生が変わらない」といつも言っているくらいその重要性をうったえている。

それは引っ越しこそ環境を変える方法だし、環境を変えることで行動が変わり、行動が変わることで結果が変わり、結果が変わることで人生が変わるからだ。

上質なインプットからしか、上質なアウトプットは生まれない

第２章まとめ

・「移動」するメリットは、時間を有効に使えること
・「やるべきことの処理」と「インプット」を移動中に行なう
・大量のインプットにより、知識が増え、広い人生の地図が手に入る
・ベストセラー作家が読んでいる本や、古典を読む
・洋楽を聴くと、抽象的に考える力が身につく
・インプットのコツは「検索」と「メモ」

第3章

なぜ、移動すると行動力が上がるのか？

～人が自然に「動き出す」ときの順番～

人が行動を起こすときの順番

第一章で「移動しないこと」のデメリット、第二章で「移動しやすい環境」になったことについて書いた。この章から本題に入ることになる。私は、

「引っ越しすらできない者は、人生が変わらない」

と思っているし、いつもそう言っている。それくらい引っ越しは人生にインパクトを与える。

なぜなら、人生は行動がすべてだからだ。そして、その行動を決めるのは環境だからだ。

私たちは、

「環境→感情→行動」

で行動が決まる。

まずは「移動」が先であり、一番、人生を変えるのに手っ取り早くてインパクトが

あるのが「引っ越し」だということだ。

そもそも私たちの不幸の原因である「定住」を人生から取り除くためにも「引っ越しが当たり前」という感覚を持つ必要がある。この感覚を手に入れることで、「環境をいつでも変えられる自分＝人生を変えられる自分」ができるからだ。

ところが、日本社会は引っ越ししづらくなっているように見える。昔から「村八分」という言葉があるように、コミュニティから抜け出すことを否とし、なかなかコミュニティから抜け出せない思考を植え付ける。

頑張って地元から都会に出てきても、家賃の高さゆえになかなか自由に動けない。金銭的に余裕があればいいわけだが、多くの場合はそうではないし、もっと稼げるようになるために「移動」が必要なのに、「移動」をできなくされてしまっている。

「移動」→「稼ぐ」の順番が正解なのに、「稼ぐ」→「移動」を強制されてしまい、なかなか実現できない。

これは、下りのエスカレーターを登ろうとしているのと同じ。なので、ほとんどの場合、移動に行き着くまでに時間がかかるか、行き着けずに終わることになる。

だから、多くの人は何か外的な要因がないと引っ越しを考えない。引っ越しを考えるタイミングが訪れるのは賃貸契約期間が切れるときが一般的だ。

このタイミングで「引っ越そうかな」なんて考える。地方によって慣習は違うだろうが、東京の場合はだいたい賃貸物件は二年契約だ。

仮に契約を更新する場合に、更新料と称して家賃一カ月分を支払うことになるので、そのタイミングで多くの人が引っ越しを考える。

ところが、そこで引っ越しを考えても、かなりの費用がかかることがわかり、やめてしまうケースが多い。物件にもよるが、新しく部屋を契約しようとすると敷金二カ月分、礼金二カ月分、仲介手数料一カ月分、初月の家賃、途中入居分の日割りで、だいたい家賃の六カ月分の初期費用がかかってしまう。

この制度はだいぶ引っ越しのハードルを上げているはずだ。敷金は何かあったときのために必要かもしれないが、二カ月分は必要ないだろうし、礼金なんて意味がわからない。

実際、私はアメリカで賃貸に多く住んだが、前述したように賃貸不動産業者がないので仲介手数料もないし、礼金もない。あるのは敷金にあたるデポジットくらいでそれも一カ月分だ。

結局、敷金、礼金といったものも私たちを「移動」させないための悪習慣でしかない。

実際、関西で多くの賃貸物件を持っている人はこう言っていた。

「この地域の単身者の平均年収は三〇〇〜三五〇万。払える家賃は五万円台。それであれば、審査だけ厳しくして五万円台の部屋を数百部屋手に入れることが一番入居率が安定する」

裏を返せば、彼らは真面目に家賃は払ってくれて、しかも引っ越しするお金もないから一〇〇%近く更新するので、入居率が安定することになる。

貸主にとっては引っ越されて空き家になるとコストがかかるから、更新してもらうのが一番効率がいい。このように私たちは賃貸に住んでいたとしても、移動がしづらいようになっているのだ。

「環境→感情→行動」の順番で人は動き出す

あなたの選択肢を奪い、身動きをできなくするもの

ここまでは賃貸について話してきたが、ここからはマイホームについて書く。私たちはなんとなく「幸せ」の定義として、勉強して、良い学校に入って、良い会社に入って、結婚して、子どもを育てて、マイホームを買って、という「幸せのレール」を洗脳される。

マイホームがゴールのように、マイホームが庶民の夢のように押しつけてくる。実際、「マイホームは一生に一回の一番大きな買い物」と言われる。

たしかにそうかもしれないが、なんで「一生に一回」なのか意味がわからない。さらに、まるでマイホームを買うのが「一人前になった証《あかし》」みたいなふうだ。

でも、本当にそうだろうか。私は**人生の豊かさは「選択肢の多さ」**だと思っている。なぜなら、人は選択肢を失ったときに生きる希望を失うからだ。どんなにお金を持っていても、一生牢獄《ろうごく》にいるなら絶望しかないだろう。

だから、「選択肢の多さ」が重要だと考えている。そう考えると、私たちが教え込まれてきた「幸せのレール」は完全に選択肢を減らす行為でしかない。

家族もいて、住宅ローンもあったら、どんなに辛い目に遭っても会社を辞めることができない。そうやって、日本の会社員は追い込まれていく。東京の街中を歩いているとストレスを抱えてそうな会社員をよく見るのもこのためだろう。

実際、日本にきたアメリカ育ちの友人たちは、地下鉄を歩いている会社員がイライラし、態度が悪く、どんどん人にぶつかっていくのを見て驚いている。

日本では、私のようなおじさん世代がイライラしているというのはよく聞く。これも選択肢がないのが原因だろう。

ここで冷静になってマイホームというものについて考えてみよう。今でこそ三五年ローンみたいな住宅ローンが当たり前だが、一九七〇年代後半までは一般には普及していなかった。

もちろん、それまで一般の人がなかなかマイホームを買えなかったのだから、住宅ローンの普及もある程度は役立っただろう。

ただ、住宅ローンは景気対策の側面もあった。政府は景気が悪くなると、住宅ローン減税と銘打ってマイホーム購入を促進するようになる。

住宅ほど高価な買い物はないし、それに付随して家具なども購入するため消費が刺激され、景気が良くなるという論法だった。

これは、バブル経済崩壊以前は効果があっただろう。

ちょうど、戦後のベビーブーマーたちが四〇代に入るという、一番、マイホームを買うタイミングだったこともバブル経済に拍車をかけたのかもしれない。

人生を豊かにするために、選択肢を増やす

「移動」ファーストで！

このようにマイホーム信仰というのは、政府にとっても、企業にとっても都合の良いものだった。政府は景気浮上策にできるし、企業もずっとやめない社員（しかも、

文句も言わない）を雇い続けることができるからだ。

でも、待ってもらいたい。あなたはそんなものに縛られたいだろうか。絶対にそんなことはないだろう。

そして、マイホーム信仰と並んでもう一つまずいのが「新築」信仰だ。日本だとやたらと新築の評価が高い。普通に考えて新築物件は住んだ瞬間に中古になるし、そもそも現物を見ずに買うのもどうかと思う。

新築マンションの購入では、全然関係ない所にあるモデルルームに行って、数年後に完成するものを買うようだ。

見てもいないものを買うというのも微妙な気がするが、結局、新築信仰のせいで買い替えがあまり起きない。そのせいで、全国的に空室問題、空家問題が深刻になってきている。

先ほども書いたが、アメリカには賃貸専門の不動産業者は基本的にはない。みんなどんどん買い替えるから気軽に住宅を購入するわけだ。

でも、これは、新築信仰がなく中古不動産でもどんどん値上がっていくからだ（もちろん、物件にもよるけれど)。

だから、マイホームを持つことが必ずしも「定住」につながらない。私は日本においての住宅ローンやマイホームを否定しているわけではない。日本人であることのメリットに、世界的にみて超低金利で借金できるというのがあるからだ。その視点を持って、将来的に値上がりが期待できる物件を買うのはありだろう。

ただ、そういう視点がなく、マイホームありきは危険だということ。**その結果、「定住」が半強制的になる環境はどうなのか、と疑問を持っているのだ。**

再三言っているように「移動」が最初で、その後に人生が変わっていくからだ。人生が変わってから「移動」するわけじゃない。

何度も言うが、大前提として人生に重要なのは「選択肢を増やす」ということ。

会社員がイライラするのは選択肢がないからで、そう考えると新築のマイホームを三五年ローンなんかで購入するのは正気の沙汰《さた》とは思えない。

もちろん、投資としての不動産購入は否定しない。世界的に物価が上がり、日本もインフレになろうとしているから、資産保全の意味でも不動産はありだろう。

ただ、日本は人口が世界トップクラスのペースで減少するので、そもそも需要があるのかという問題もある。その上で、買う価値があるとしたら、海外の富裕層が欲しがる都市部か高級リゾートの物件になる。

それを反映してか、東京都内の不動産価格はしばらく上昇すると言われているが、すでに庶民では手が届かないレベルまできている。少し話題になったが、一部屋二〇〇億円の物件が売れるくらい桁違いの金額が必要なのである。

不動産を買うのであれば、きちんと物件を見る目をつけてからやるべきだ。

移動が最初で、その後に人生が変わっていく

キャラクターによって能力が変わる

私がどんどん引っ越そうと言うと、「子どもがいる人はどうするんですか?」と質問を受けることがある。私の答えは「そんなこと、気にしなくていい」だ。

ここでも問題になるのが選択肢の少なさだ。私は日本の教育の問題点の一つが選択肢が極端に少ないことだと思っている。

父親がいわゆる都市銀行の銀行員だったため、私も転校したことがあるが、そこまで困ったことはない（もちろん、私はたまたまだったかもしれないが）。

ここで伝えたいのは、選択肢が少ないことが子どもたちを不幸にしているのではないかということ。

もっと選択肢があれば自殺する子どもが少なくなるのではないか。ちなみに、警察庁・厚労省の自殺統計によると全国の小中学校と高校の二〇二二年度の児童・生徒の自殺者数は五一四人、一九八〇年以降で初めて五〇〇人を超えて過去最多となったという。

今でこそフリースクールがあったりもするが、それでも不登校が悪いことのように言われているのが現状だろう。私はアメリカの教育を見ていていいなと思うのは、ホームスクールでもいいということ。つまり、学校に行かなくてもいいし、オンラインスクールが多くあるし、合わなければ転校するのに抵抗がないし、学年を上げることも下げることもできる、というように選択肢が日本に比べて多い。

実際に、私の子どもは小学校がホノルル、中学校がサンフランシスコ、高校は日本に住みながら海外のオンラインスクールに通っていた。

いじめられたり、先生と合わなくても打つ手がある。もちろん、地域的に恵まれていたり、経済的に恵まれているのが前提かもしれないが、日本の場合はむしろ選択肢をなくす制度が多いように感じる。

たとえば、日本では学年を落とすことは一般的ではない。当たり前だが、小さい頃の一年の差は大きい。四月生まれと三月生まれでは発育に差がある。

早生まれの子は小さいときに「できない子」というレッテルを貼られ、そういう劣等感を持って育ってしまう可能性が高い。だから、社長やスポーツ選手の誕生日が四～六月に多いという結果は頷《うなず》ける。

人は周りに押し付けられたキャラクターで生きることになるので、小さい頃から「できない子」と言われ続ければできない子になるに決まっている。

そして、そのままのイメージをもって大人になってしまう。

同じように女性の場合は「女の子は数学ができない」と洗脳されてきているから、テスト前に性別を選ばせると、女の子は実力が出せなくなるという結果もアメリカで報告されている。

このように周りからのイメージで能力が制限されてしまう。

しかも、日本では女の子が受験で不利な扱いをされていたというようなニュースが出たように、ひどい差別が行なわれており、女性の社会進出も遅れている。特に女の子ほど、海外に早く出たほうがいい気がする。

周りから押しつけられたキャラクターのせいで能力は制限される

子ども時代に「移動」への恐怖を感じると、大人になったら……

一番の問題は、日本では転校のハードルが高いこと。そのせいで子どもの頃から「移動」への恐怖感が植え付けられているように思える。

実際、日本では転校は良いこととされていない。高校なんか途中から転校なんてほぼ無理だ。留年すら許されない雰囲気だ。

だから、親はなるべく転校させないようにするし、社会がそういう風潮になっている。そうなれば**「移動は良くないこと」と植え付けられていく**わけだ。

このように精神的にも転校できないようになっているだけでなく、実際は物理的にも難しくされている。

たとえば、あまり人が住んでいないような田舎に生まれた子なら、おそらく学校は選べない。選択肢はゼロだ。家が貧しい子もそうなるだろう。

では、都会で裕福な家に育った子はどうだろうか。このような家庭の子は大学まであるエスカレーター式の私立の付属に入ることが多い。しかも、幼稚園か小学校から入ることになる。そうなると多くの場合は大学まで同じ学校に通う。

もしかしたら「私立なんだから、合わなければ辞めて他の学校を受験すればいいじゃないか」と思うかもしれないが、なぜかそういう学校は他校を受験するには、暗黙の了解で受験前に学校を辞めなければならないことが多い。

つまり、他校を受験するなら受かろうが落ちようが戻れない。当然、そのようなリスクを負ってまで転校しようとする子は少ない。だから、名門私立でもいじめが原因の事件があったりする。逃げられないのだ。

このように私たちは子どもの頃から、精神的にも物理的にも「移動は困難」という意識を植え付けてしまう。だから、大人になってからも移動しようとはそもそも思わないし、思ったとしてもコストがかかるから動くのをあきらめてしまう。

その結果、定住を選ぶわけだから、そのせいで能力を発揮できずに多くの人が人生を終えていく。せっかく日本という恵まれた国に生まれてきたわけだから、どんどん引っ越しして人生を変えていくべきだ。

どんどん引っ越して、「移動は困難」という思い込みを捨てる

めんどくさいを克服し、15年間移動し続けたコツ

これまで話してきた引っ越しは、居住場所を一カ所にするのが前提だった。ところが、今はいくつもの住居を持つ人も増えてきた。

実際、私もサンフランシスコ、ホノルル、東京、京都に住居を持ち、行き来する生活をしていた。多地域居住をすれば、子どもを転校させないことも可能だ。

たとえば、平日は東京の学校に通い、週末は田舎で過ごすことも可能だし、その逆もしかり。**私はこの多地域居住という考え方が気に入っていて、何より脳がリフレッシュされる感覚がいい。**

そして、第二章にも書いたとおり移動時間に集中できるのもいい。

私が多地域居住をするようになったのは東日本大震災がきっかけだったが、それが可能になったのも比較的身近にそういう生活をしている人がいたおかげだ。

編集者時代に担当した著者の中には、平日は東京にいて週末は家族のいる地方に帰るコンサルタントの人も数人いた。

そんな中で私が一番影響を受けたのが歯科医師でありベストセラー作家の井上裕之先生だ。井上先生のデビュー作を私が担当させていただいた縁でつながり、一六年以上たった今でも一緒に仕事をさせてもらっている。

井上先生は北海道帯広市で歯科医院を経営しながら、週末には東京で作家として講演家として活動をしている。そんな生活を二〇年以上もしている先生を近くで見ていたことで、私も多地域居住というのが身近になった。

だから、もし本書を読んでいて多地域居住したいなと思ったら、そういう生き方をしている人に会いに行くのを勧める。特にパンデミック以降は、多くの経営者たちが地方に移住していったので、以前よりも出会える機会は増えたはずだ。

結局、人はリアリティを感じたものになれるので、自分が理想とする生き方をしている人に会いに行き、近くにいるのが一番の近道になる。私も多地域居住をしている人が周りにいたからできるようになったと考えている。

特に井上先生がすごいのは、たとえ用事がなくても、体調が悪くても必ず週末に東京に来るというペースを守っていることだ。

人はどうしても弱いので、時々「めんどくさいな」ということがある。そうなるとどんどんグダグダになっていき、結局は楽なほうに流れていく。多地域居住はめんどうだからと、全く移動しなくなってしまう。

でも、私は「とにかく移動」を勧めているので、その点からも自分のペースを崩さないことを重視している井上先生の生き方はとても参考になる。

「多地域居住」で脳をリフレッシュする

ホームレスビリオネアの生き方

ホームレスビリオネアと呼ばれるニコラス・バーグレンさんも面白い。

私が以前住んでいたサンフランシスコのフォーシーズンズホテルの近所に彼が所有するギャラリーがあり知ったのだが、当時、彼は二〇億ドル（二〇〇〇億円）以上の資産があり、アカデミー賞前日にはハリウッドセレブたちも集まる豪華なパーティーを主催するような大金持ちなのにもかかわらず、二〇〇〇年初頭にすべての豪邸を売り払い、家を持たずに高級ホテルを転々とする生活をしているという。

それぞれのホテルに服などは置いてあるため、自分のプライベートジェットで移動するときも小さなバッグと携帯電話だけ。**私が彼の生き方が面白いと思ったのは、大金持ちですらそんな生活をわざとやっているという点だ。**

世界にはこういう感覚で生きている人はたくさんいる。私の娘の通っている学校にも、家族で世界を転々としながら生きている子どもがいた。彼らの場合も、世界中に家があり、そこを転々としているという。

このように、アメリカには複数の家を持っている人が意外と多い。もちろん、金持ちが多いというのもあるが、家を複数持っていないほうが少ないくらいの印象をサンフランシスコでは受けるくらいだ。

アメリカ人は大学ではほぼ全員寮に入ることから地元を離れるので、定住意識は薄いのかもしれない。

ここまで書いていくと、「金持ちの話でしょ」と思うかもしれないが、私は日本のほうが多地域居住はやりやすいんじゃないかと思っている。

なぜなら、地方都市や田舎は人口が減っていることもあり、「地方創生」の名のもとに支援が整っていたりするからだ。移住するための補助金が出る場合もある。

実際、東京から地方都市に移住し、起業している人の話を聞いたことがあるが、やはりコストの安さは魅力的だった。とにかく、行政のバックアップもあり物価が安いので、多地域居住は意外と簡単なはずだ。


行政のバックアップのおかげで、日本での多地域居住は簡単

地方移住のメリットとは？

多地域居住という観点で話をしたが、いっそのこと地方移住も勧めたい。今は東京にいるメリットはそれほどなくなってきた。

打ち合わせもズームでやることが多かったり、前述したように東京の家賃は上がり続けている。両親が共働きで世帯年収が二〇〇〇万円以上あっても、東京での生活は楽ではないと言われている。

両親ともハードワークで高い家賃を払い、さらに子育てにもお金と時間を取られていく。まさに、なんのために稼いでいるかわからないという状況がある。

であれば、いっそのこと生活コストが安い地方移住も選択肢に入れるべきだろう。

もちろん、若いうちは東京に出てきたほうが、チャンスは多いと思っている。

ただ、ある程度落ち着いて家庭を持ったなら、地方移住はいいだろう。生活コストも安いし、自然も多い。かなり、ＱＯＬは高くなるはずだ。

特に、私がいた出版業界ではパンデミック以降、地方移住する人が多い。仕事柄、オンラインでほとんど完結するからだ。

また、私の周りには教育移住する人も増えている。不登校になったタイミングでの移住だったり、地方にあるユニークな学校への入学が目的であったり。

地方には、科目やテストや成績表がない学校があったりもする。それでも、学校として文科省に認められるという。そのようないくつかの学校を扱った『夢みる小学校』というドキュメンタリー映画があるので、参考にするといい。

英語ができるだけで、圧倒的に優遇される

教育移住なら海外もおすすめだ。

これは、かなりハードルは高いがやる価値はある。私の子どももそうだったが、英語ができるというだけで選択肢が増える。子どもの大学受験を見ていて感じたのは、日本の大学受験でかなり有利になる、ということ。

たとえば、ＴＯＥＦＬである程度の点数があれば、それだけで合格できる有名大学も多い。私の子どもは満点だったので、試験なしで一流校に受かっていた。

教育移住までは無理だとしても、子どもを英語ができるようにしてあげることは選択肢を増やす意味でも良い。たとえば、海外のオンラインスクールに入ることも可能だ。

実際、私が本などをプロデュースさせてもらっている星友啓さんが校長をしている

スタンフォード・オンライン・ハイスクールは一〇〇カ国から生徒が来ているという。もちろん、日本に住んでいる生徒もいる。

私の子どもはハワイでは普通の私立カソリック校に通っていたが、ジョンズ・ホプキンス大学がやっているCTY（Center for Talented Youth）というギフテッド教育のメンバーになれたことで、オンラインで学習を進めていき、結果的にサンフランシスコのSTEMの中高一貫校に入学し、一二歳の時点でSAT（大学入試用に高校生が受ける全国試験）で全米トップ一％の点をとっている。

英語ができれば、海外の大学も選択肢に入ってくるだろう。よく知られていることだが、日本の大学は世界的にみてレベルが低い。必ずしも大学世界ランキングがすべてではないが、東大でも三〇位前後だったりする。

もちろん、自動翻訳などのテクノロジーによって、英語なんて必要ないという考えもあるかもしれない。しかし、先ほど紹介した星校長が言っていたが、**英語が話せるというのは発音とかが重要なわけではなく、議論に入り込めるかが重要なのだという。**だとするなら、翻訳機では意味がない。

そういった意味でもこれからの時代は英語が必須だろう。もう何十年も言われてきたことだが、それでも日本人は英語が苦手だ。世界のトップレベルのオンライン教育を受けようと思ったら、小さい頃から英語が話せることが重要になる。

実際、六歳くらいの時期に海外に来た日本人の子どもの半分以上は学校になじめずに終わっている現実を見てきた。

つまり、六歳からでも遅いとも言える。その原因はインターネットの発達により日本語から切り離すことができないからだ。徹底的に英語環境に入れれば基本的には英語はできるようになる。

私は人生と同じように教育も選択肢が多いほうがいいと思っている（良い大学に入ればいいとは思っていない）。何を選択するかではなく、選択肢を増やしていく。結局、苦しいのは選択肢がないからで、その結果、人生がどん詰まっていく。

これからの子どもたちの世代に、より多くの選択肢を提供していくのは私たち親の世代の役目だと思っている。

そういった意味でも、これからは英語を徹底的にやらせることだ。

よくこういう話をすると、母国語が完成する前に外国語を入れるのは良くないというような話になるが、アメリカには二カ国語、三カ国語話す子どもはざらで、全く問題はない。もし問題があるなら、能力がないだけの話だ。能力がないのであれば、それは英語の問題じゃない。

もしあなたの子どもがすでにある程度、年齢がいっているなら海外のボーディングスクール（全寮制）に入れるのも手だろう。日本人がほとんどいない環境に行けば、中学生からでも英語習得は可能なはずだ。

英語を徹底的に学ぶと、かなり有利に人生を生きられる

どこでも仕事ができる恩恵をあなたも享受しよう

本当に今の時代はいろんな住み方ができるのに、多くの日本人が「定住」洗脳によって可能性を狭めてしまっている。

私の場合はたまたまアメリカに移住することになったわけだが、今となっては良い経験だったと思っている。

日本人では少なく、時間はかかるが、EB5プログラムという投資をすることによって、グリーンカードを取得でき、移住が可能になった。もちろん、これ以外の方法もある。アメリカだけでなく、他の国でもいいだろう。

私の周りではシンガポールに移住している人も多いし、マレーシアやタイに移住している人も増えている。ただ、海外への移住は今後、厳しくなることが予想されるので早めに動いたほうがいいだろう。

インターネットの発達で「どこに住んでいても仕事ができる」環境ができたわけだから、もっと住み方にも多様性があっていいはず。

前述したように高い家賃、敷金、礼金を払わされてわざわざ自由を奪われている状況は本当に良くない。全く違う場所に移住してみるのも考えてみよう。

次章では、「転職」について書いていく。どうしても日本では職場を転々とすることが悪いことのように思われているが、これからの時代はいくつもの仕事をやった者が生き残っていく時代なのは間違いない。

その上で、キャリアをどうつくるか、お金をどう稼ぐか、についてを書いていく。

脱「定住」で自由を取り戻す！

第３章まとめ

・行動が引き起こされる順番は「環境↓感情↓行動」

・定住すると、支配者が喜ぶだけ！

・子どもの頃に植えつけられた「移動への恐怖」は、大人になったら消そう

・お金持ちは、多地域居住している

・英語能力の持ち主は、あらゆる面で優遇される

第 4 章

なぜ、移動する人は仕事にもお金にも恵まれるのか？

～３つの選択肢を自由に選べる人になる！～

会社を辞める。これが、人生最高の戦略である

あなたはきっと、「私も移動したい！」と思うようになってきたのではないだろうか。もともと私たちは移動したい生き物なのだから、そう思うのが自然だ。

しかし、洗脳されてきた結果、定住している。経営者や権力者にとって都合良く「定住」させられていると気づき、移動したい気持ちが湧き上がっただろう。

ところが、そう簡単にはいかない。私たちは稼がないと生きていけないからだ。厳密には稼がなくても生きていける。たとえば、生活保護（ただし、定住が必要）をもらいながらでもいいし、誰かに養ってもらってもいいし、ホームレスでもいいだろう。人によっては多額の遺産がある人もいるだろう。

でも、そんなことを話しはじめたらきりがない。この章では自力で稼ぐことを前提に話を進めていく。おそらく本書を読んでいる人の大半は会社員ではないだろうか。

繰り返すが、あなたに私が言いたいのは、

「とにかく会社は辞めよう」

ということだ。本書を手に取っているのなら、あなたは退職を一度は考えたことがあるのではないだろうか。

どうして私が強く会社を辞めることを勧めるか、その理由を説明していく。

私は本書でも再三書いているように、**「選択肢を増やす」というのが人生戦略において一番重要だと思っている。**

正直、人生に意味があるとも、価値があるとも思っていない。

マルクス・ガブリエル著『なぜ世界は存在しないのか』（清水一浩訳／講談社）にもあるように、それぞれの対象領域があるだけで、絶対的なものは何も存在しない（つまり、時と場合によって価値は変わるわけで絶対はないということ）。

ただ、人は弱いからなんらかの価値観を持たないと何も判断できなくなってしまう。その結果、神や宗教をつくり出したり、お金を信じるようになっている。

昨今のスピリチュアルブームなんかは、あまりにも予測不可能な時代になったゆえの反動とも言える。

ジョン・レノンが『God』という曲の冒頭に〝God is a concept by which we measure our pain〟（神は私たちの痛みを測るためのコンセプトでしかない）と言っているように、目に見えないものを信じたがるのは私たちの特性なんだろう。この曲を中学生時代に聴き、妙に納得したのを今でも覚えている。

同じように、世の中は「幸せ」という概念も押し付けてくるが、これほどウソ臭い言葉はない。

日本では、「幸せ」の名の下に、安定が最大の価値とされる。そして、私たちを定住させ、定職につかせる。派遣やアルバイトのような非正規雇用よりも、正社員のほうが偉いと勘違いしている人がいるのもこのためだろう。

私の好きな哲学者であるエリック・ホッファーは「幸せを追求することが不幸の原因である」という言葉を残しているがまさにそのとおりだ。

とはいえ、生きる基準が必要だろうから、私は「選択肢を増やす」というのを基準にするべきだと言っている。

会社員には与えられない3つの選択肢

「選択肢を増やす」ということを考えたときに会社員が最悪なのはわかるだろう。「誰と働くか」「どこで働くか」「いつ働くか」が自分で選べないからだ。

これの何が怖いかというと、**日本社会では「誰と働くか」「どこで働くか」「いつ働くか」を選べないという異常事態が当たり前のこととされていることだ。**

冷静に考えれば、この三つが選べない時点で人生を奪われたようなものだ。百歩譲って「一生保障してくれる」もしくは、「給料が高い」ならトレードしてもいいかもしれないが、それは現実にはない。

日本独自の終身雇用制度は崩壊したし、日本は極端に給料が安いことで有名だ。上場企業でも平均年収が二〇〇～三〇〇万円台という所も数多くあるくらいだ。

しかも、社会保険料という謎の制度によって、会社員の手取り額はどんどん減少している。しかも、社会保険料はなぜか勝手に上げていいことになっている。だから、財政難になるたびに上げられていくわけだ。年収が三〇〇万円程度でも三〇％も税金を払っているような状態になる。

しかも、社会保険料の多くは医療費に充てられている。そして、医療費の大半は高齢者のために使われる。つまり、現役世代から社会保険料という名のもと、高齢者にお金が流れていることになる。

しかも、給料はここ三〇年間ほとんど変わってない。さらに派遣やアルバイトといった非正規雇用が増えていき、会社員＝安定という図式は完全に崩壊しているわけで、むしろ会社員であることのほうがリスクになっているのである。

私は「安定なんてない」と思っているが、安定が欲しくて会社員をやっている人にとっても、**「会社員でいることがもはや最大のリスクになっている」ことに早く気づいたほうがいい。**

そして、私が人生において一番重要なファクターと考えている「誰といるか」という部分を完全に支配されてしまうのが本当に悲劇でしかない。

まず会社に入社したところで、上司を選べない。これが最悪で、もし最悪な上司に当たってしまえばあなたの人生は最悪になる。上司のせいでうつ病になり、そのまま社会復帰できない、もしくは自殺に追い込まれる可能性だってある。

その点から言っても、会社員は安定どころの話じゃないことに早く気づいたほうがいい。実は、安定どころかかなりリスクの高い働き方なのだ。

パンデミック以降、リモートワークをはじめとして、柔軟な働き方を認める会社も出てきたが、まだまだ一部だ。もし、会社員としてメリットがあるとしたら、リモートワークが認められていること、尊敬できる上司がいることが条件になる。しかし、そんな人はわずかしかいないだろう。

人、場所、時間のリスクを負わない働き方があることを知ろう

「働いた以下のお金しかもらえない」仕組みの中で頑張るのはやめよう

ここまで読んでどうだろうか。「なら、独立しよう」と思った人もいるだろうが、大半の人は、「独立したほうがいいのはわかるけど、何をやればいいかわからない」と思うだろう。そう思うのが普通だ。

何をやればいいかは後述するとして、だいたいそこで、「転職は？」「副業は？」という発想になりがちだ。ただ、私は反対だ。

転職では雇われていることに変わりはないし、働き方は選べても上司は選べないだろう。副業では多くの人は本気になれない。そんな人をたくさん見てきた。

もちろん、副業でうまくいく人もいるかもしれないが、それは意志の強い一部の人だけだ。私は、**凡人は意志の力を信じてはいけない**といつも教えている。だから、転職も副業も手を出すだけ時間の無駄だ。

ただし、転職も例外はある。それは業界で名が知られているくらい活躍している場合だ。そういう人にはスカウト会社から連絡がたくさんきているだろう。

それならしばらく転職を繰り返してもいいかもしれない。その上で、一番、自分を高く売れるタイミングで独立するのがいいだろう。

私の場合、出版業界でそれなりの数字を出していて他社からスカウトがくるようになっていた。意外と出版業界は引き抜きが多く、最初のオファーは三三歳のときに、たしか年収一五〇〇万円で編集長だったように思う。結果的に私はそのオファーは断り、所属する会社との条件交渉をして出来高制度にしてもらった。

そのおかげで、年収が数倍になっただけでなく、数字への意識がさらに強くなり、独立するタイミングではある程度、勝算がある形にはなった。

今思えば、独立するのは三年くらい遅かったように思える。ただ、私のようにラッキーが重なり、圧倒的な結果が出せたのは例外だ。

だから、まずは転職ではなく、独立を考えたほうがいい。

結局は独立をしないと、「誰と働くか」「どこで働くか」「いつ働くか」の選択肢を増やすことはできないからだ。まずは「独立を前提で生きる」ということを決める。

そして、決めるだけでなく期限も設定する。

もちろん、それぞれの状況があるだろう。でも、最長でも一年後には独立すると宣言してもらいたい。そうしないと脳は動き出さないからだ。

「無闇《むやみ》に起業を勧めるな」という意見があるのもわかるが、そういうことを言っている人の大半は、高学歴だったり、能力が高かったりで、現状でも満足できる収入を得ていたり、転職市場でも自分を高く売れるような人たちだ。凡人が会社員をやっていてもいいことなんてない。

会社員が労働や能力に見合った収入を得ることは不可能だ。

なぜなら、資本主義社会において資本家は労働者があげた収益の一部を労働者に給与として払うからだ。理論上、労働者があげた収益と同額もしくはそれ以上の給与を払うことはあり得ない。

だから、給与以上の働きができる人ほど、会社員が割に合わなくなってしまう。この理論でいくなら会社員をやっていて得するのは、給与以下の働きしかしない人ということになるが、そのような志では人生が変わらないのは言うまでもない。

最長でも1年後には独立したほうがいい

スキルがなくても稼げるビジネスとは？

ということで、まずは一年以内の独立を目指そう。なんでもそうだが、まずは「決める」ことが重要だ。私たち日本人は「答え探し」の教育をされているから、どうしても選択に時間をかけがちだ。

たしかに、選択式のテストならよく考えたほうがいいかもしれないが、人生においては時間の無駄なだけだ。なぜなら、選択時には正解は決まっていないわけだし、何を選ぼうが正解にすればいいわけだからだ。

私の好きな言葉に、

「最善の選択ではなく、選択を最善にしよう」

というものがあるが、人生はこのように考えるのがいい。

悩んでいる時間はもったいない。まずは「決める」こと。だから、まずは独立起業すると宣言しよう。

脳は「決める」ことではじめて、目標に向かって起動すると考えていい。

よく言われることだが、「目を閉じてください。今居る場所で青色のものがいくつありましたか？」と聞かれてもなかなか思い出せない。

ところが、目を開けた瞬間に青色のものが目に入ってくるようになる。こういうのを「カラーバス効果」といって、脳は意識した情報に目がいくようになる。だから、「一年以内に独立する」と宣言することが重要なのだ。


次に、自分がどうありたいかというのが重要になってくる。

私は「何をやるか」はあまり重視していない。「誰と働くか」「どこで働くか」「いつ働くか」を重視している。ここを決めれば、やることは決まってくる。

ところが、なぜか多くの人が「何をやるか」から探しがちだ。やりたいことがすでにある人はいいが、多くの人はきっと明確になっていないだろう。

であれば、まず考えるべきは、「どうありたいか」だ。そのときに「誰と働くか」「どこで働くか」「いつ働くか」という視点で考えるのがいい。

たとえば、私の場合は三つの点において選びたい放題になりたかったから、コンテンツビジネスを選んだ。ここでいうコンテンツビジネスは、なんらかのスキルや考え方を伝えて、受講料みたいな形でお金をもらうもの。

特に、パンデミック以降は、より一般的になってきた。

私が海外に住んでいたこともあり、当たり前のようにオンラインでコンテンツビジネスをやっていたが、今では誰もが簡単にできるようになっている。

ＩＴスキルが皆無でもコンテンツビジネスはできるようになってきている。実際、全く知識がない人でも稼げるようになっている。

しかも、顧客側もオンラインで学ぶことに慣れてきているので、八〇歳の人がオンラインコースを学んでいたりする。

その結果、マーケットは広がり、どこに住んでいても仕事ができるようになった。

私がやっているビジネスなら海外にいようが地方にいようが、いつだろうがお金を稼ぐことができる。

マーケットが広がっているビジネスを選ぼう

「何をやるか」にフォーカスすると失敗する

もちろん、人それぞれいろんな価値観を持っていいと思うが、私は「移動」が制限されるような独立なら意味がないと思っている。本書のテーマがそもそも「移動」だからというのもあるが、能力を覚醒させる意味でも重要だからだ。

ということは、「どうありたいか」を考えたときに、「移動」が容易な環境を意識してほしい。私のように「どこにいてもいい」というのでもいいし、仕事自体は場所を選ぶが時間的に融通が利くものでもいいかもしれない。

なぜなら、時間の自由があるなら、旅行でもなんでもいいので「移動」もできる。

もしくは、多地域居住という形をとるのもありだ。週四日は都心にいて、週三日はどこかに行くのもいい。

結局、重要になってくるのが「環境」だということ。多くの人が独立を考えたときに「何をやるか」にフォーカスしてしまう。

「自分の強みはなんだろう」「自分がやりたいことはなんだろう」「自分に向いているのはなんだろう」みたいな思考に陥《おちい》りがちだが、これをやっていくと「独立したものの、もっと忙しくなった」みたいなことになりかねない。

よく起業セミナーの内容に、「自分の強みを探そう」みたいなのがあるけど、それだと結局は過去の延長線上の人生と変わらなくなる。

そして、**忘れがちなのが、「環境からすべては生み出される」ということ**だ。だから、私は「誰といるか」「どこにいるか」に徹底的にこだわってきた。

特に今のように、新しいテクノロジーがどんどん出てくると、将来的になくなる仕事も増えてくる。さらに、寿命も一〇〇年くらいになっていくとするなら、一生の中で複数の仕事をするのが普通になってくる。

ということは、いろんなことができるようになるというより、いろんなことに対応できる人間になっておく必要がある。今の時代は、一つのことしかできなければ、あっという間に稼げなくなってしまう。だから、普段から移動を意識することで変化への対応に優れた人間に変わっておこう。

人間は環境に適応する生物だから、いつも良い環境にいれば必ず良い結果が生まれる。「何」をやるかではなく、「環境」を徹底的に意識する。そこさえ外さなければ、人生は絶対にうまくいく。

これからは「変化への対応に優れた人」が生き残る

私がコンテンツビジネスを勧める理由

では、具体的にどういったビジネスをするのがいいのか。

私が必ず勧めるのがコンテンツビジネスだ。コンテンツというのは、あらゆるメディアを通して配信される情報だ。

たとえば、映画や音楽や小説だったりもそう。ハウツーものだと、犬のしつけ方という動画もコンテンツになるし、セミナーなんかもコンテンツだ。

つまり、そういったコンテンツをお金に変えるのがコンテンツビジネスになる。わかりやすい例でいうと、ユーチューバーやブロガーと呼ばれる人たちもコンテンツビジネスをやっていることになる。コンテンツそのものを販売している場合もあるし、ユーチューバーやブロガーのように広告収入（主にアフィリエイト収入）を得る場合もある。ユーチューバーやブロガーの場合、主な収益源は売り上げか広告収入ということになっている。

実際、彼らの中には、年収数億円レベルは何人もいる。海外まで広げると数十億円を稼ぐ人もいる。

私が強調したいのは、売れっ子の芸能人をも凌《しの》ぐくらい稼げるし、大きくなっている市場であるということだ。なんでもそうだか、大きくなっていく市場で勝負するほうがうまくいきやすいのは言うまでもない。

これを読んで、「彼らは有名人だからでしょ」なんて思う人も多そうだが、多くのユーチューバーやブロガーはもともと有名でもなんでもない。月収一〇〇万円レベルであれば、全く誰にも知られていないことも多い。だから、誰でもできるというのも断言できる。

全く無名でも月収100万円を稼ぐ人はたくさんいる

70代でも稼げるコンテンツビジネス

これらコンテンツビジネスは「クリエイターエコノミー」と言われるジャンルに入ることになり、市場規模は年々増加している。

一般社団法人クリエイターエコノミー協会の調査によると、二〇二二年の国内クリエイターエコノミーの市場規模は一兆六五五二億円と推計され、前年の一兆三五七四億円に対して二一・九％の成長を遂げているという。

パンデミックによってオンラインのコンテンツを消費するのが当たり前になった。

何より誰もがコンテンツを制作、販売できるインフラが整ったのが大きい。

極端に言えば、スマホでライブ配信してお金をもらうことも可能だ。これなら、必要な機材もいらない。特別なスキルもいらない。そして、今すぐ始められる。

このように、市場規模の拡大と参入障壁が低くなったことで、誰でも起業できるようになったのだ。とはいえ、まだまだやっている人はごくわずかだ。であれば、早めに参入するのが得策だ。

これを読んでいる人で、「私はもう年だから」と思う人もいるかもしれないが、むしろ経験がある人ほど有利だったりする。しかも、技術的なスキルはほぼ必要ない。

実際、私がコンテンツビジネスを教えた七〇代の人でも稼げるようになっている。

やっている人が少ないから、早めに参入しよう

日本人は英語ができないから永遠のバブル

このようにコンテンツビジネスは誰でもできるし、伸びる市場であることは間違いないが、それ以上に私が勧める理由がある。それは、

「日本人は英語ができない」

からだ。いや、「できなすぎる」と言ってもいいだろう。これによって、日本のコンテンツビジネス市場は「永遠のバブル」状態であると言える。

これは私が編集者時代から感じていたことで、ビジネス書のベストセラーはアメリカからの翻訳ものだったり、英語が話せる人が著者だったりと、かなりの部分で英語圏のコンテンツに影響を受けている。

冷静に考えると、これらは日本人が英語ができていたら成立していない。

ビジネス書ではないが、わかりやすい例は『ハリー・ポッター』だ。当たり前だが、日本人の大半が英語ができれば日本語版は売れなかっただろう。

ところが、日本人の大半が英語ができないために、日本語版の翻訳者、出版社はものすごい金額を稼ぎ続けている。

よく考えればわかると思うが、日本は人口が一億人以上いて、スマホが浸透していて、世界的に見ればまだまだ裕福な国である。しかも、そのような国にもかかわらず、特殊な日本語という言語しか多くの人ができない。

だから、外国人もこのマーケットは攻めづらい。こういう条件があるので、日本語のコンテンツビジネスは「永遠のバブル」状態がしばらく続くと考えていい。

海外勢が攻めにくい状況を利用する

教育ビジネスを売り出すデメリットは0

ここまで「誰でもできる」「伸びる市場」「永遠のバブル」という話をしてきたが、それでもあなたは、「でも、私にはできない」と思うかもしれない。

でも、安心していい。たしかに人気のユーチューバーなんかを想像するとハードルは上がるだろう。エンタテインメントの世界で勝負するのは私も勧めない。この分野は才能が必要だろう。だから、私が勧めるのが、「教育」のジャンルだ。

「えっ、教育?」と思うかもしれないが、**それなりに人生を生きてきたなら誰でも「人に教えるものはある」と断言できる。**

たとえば、私であれば元編集者だったので、企画の考え方、文章の書き方、出版の仕方を教えるのは簡単だ。

転職をたくさんしたことがあるなら、その方法を伝えてもいい。ニートなら、楽しくすごすニートの方法を伝えてもいい。

「本当にそんなもの売れるの?」と思うかもしれないが、そもそもデメリットもない。なぜなら、ユーチューブ、ブログといったあらゆるプラットフォームは無料だからだ。

さらに、最近では講座を売るサイト、時間を売るサイトなんかもあり、そういったものを売るためのコストはゼロ。だから、試してみる価値はあるはずだ。

「ストアカ」というサイトでは、講座を売ることが可能だ。ここでファッションコーディネートの講座をやっている女性は年間で八〇〇万円売り上げている。「タイムチケット」というサイトでは、時間の売買ができる。「ファッションの買い物同行を一時間五〇〇〇円でやります」というように、時間を売ることが可能だ。ただ相手の話を聞くだけで一時間数千円もらうことも可能だ。

でも、私は何かを教えることを勧める。教育コンテンツをどんどん揃《そろ》えて、それをオンラインに展開していくことが「移動」のためにはいい。その第一歩として、講座の開催からはじめて、それを動画にして配信するのもいいだろう。

教育コンテンツはエンタテインメント系のコンテンツと違い、いつも同じような問題を抱えている人がいることもあり資産になりやすい。

それでも、まだ「私には何も教えられるものはない」という人は、他人のコンテンツを売ることから始めるのもいい。いわゆるアフィリエイトになるが、他人のコンテンツをSNSなどで販売して、アフィリエイト料をもらうのだ。

実は私の仕事も他人を紹介して成り立っているので、根本的には同じだと思っている。私の場合は、面白いコンテンツをつくれる人に出会ったら、本を企画して出版してもらったり、オンラインコンテンツをつくったりして販売している。

このような場合、「プロデュース業」になるわけだが、面白い人を紹介するという意味では構造は同じだ。そして、意外と知られていないことだが、コンテンツビジネスで活躍している人の中には、元アフィリエイターが多い。

これは販売する力を身につけた後に、自分のコンテンツを販売するので成功率が格段に高くなることを意味している。

教えられない人は、紹介して稼げばいい

電子書籍は資産になる

教育コンテンツは資産になりやすいという話をしたが、電子書籍の出版もいい。

電子書籍は自分で配信が可能だからだ。アマゾンのKindle（キンドル）で販売す

ることで、アマゾンという巨大市場にあなたのコンテンツを載せることができる。

私は出版業界の出身であり、アメリカに住んでいたということもあり、アマゾンの動向には詳しかったこともあって、電子書籍の可能性にいち早く気づいた。

そこで、二〇一四年から二年間毎月出版を試みた結果、電子書籍は資産になると実感した。その当時は毎月出していたので、月数十万円が入ってきていた。

ところが、私が驚いたのは今だに毎月入ってくることだ。たとえば、年間に五〇万円だとしても、定期預金で考えれば数千万円の利息に当たる。立派な資産と考えていい。トータルでは一〇〇〇万円以上も電子書籍から得ているだけでなく。電子書籍をつくる講座をやることで五億円以上は今までに稼いでいる。

ここでも小説とかのエンタテインメント系ではなく、教育コンテンツを勧めたい。やはり、人は問題が起きたとき、悩んだときに検索し、コンテンツに出会うからだ。

教育コンテンツは講師や著者の知名度よりも、テーマで売れるので初心者でも売りやすい。

また、電子書籍とは違うが、note（ノート）やUdemy（ユーデミー）というサービスもいい。ノートはブログのようなものを書いて、それを記事単位で販売できる。

たとえば、ユーチューブで稼ぐ方法という記事を書いたら、それを数千円で売ることが可能だ。ユーデミーは動画で教育コンテンツを発信する世界的なサービスだ。

まとめると、コンテンツビジネスをはじめる、特に、その中でも教育コンテンツをやる。そうすると、情報を資産化できるので、「移動」が自由自在になる。

教育コンテンツは一度つくってしまえば永遠に稼いでくれるので、毎日のようにコンテンツをアップする必要がないから勧めている。

極論、物価の安い国で暮らすのであれば、月数万円稼げば生きることが可能なわけで、そういった生き方をしたい人からすれば教育コンテンツはかなり現実的だろう。


教育コンテンツは一度アップすると、永遠に稼ぎ続けてくれる

世界的に「移動しながら働く人」が増えている！

ここまで読んで、あなたも独立し、移動していく人生を具体的に考えはじめたのではないだろうか。実際、こういう生き方をはじめている人は、世界を見渡すとかなり増えてきている。

最近、耳にすることの多くなった「コワーキングスペース」だって、リモートワークが可能になった結果だ。遠隔で仕事するリモートワークが可能になったことにより、多数の「コワーキングスペース」のサービスが出てきた。

「コワーキングスペース」では、デスク、個室、会議室を借りることが可能で、世界各地に点在しているので、移動しながら仕事をする人にとっては便利だ。

ひと昔前に「ノマドワーカー」みたいのが流行ったが、そのときは主にカフェで仕事をするというイメージが強かったように思う。

今では「コワーキングスペース」が主流になりつつあるかもしれない。もちろん、カフェよりもコストは上がるだろうが、ビジネスをやる上で必要なものが揃っている上、先ほど書いたように出会いもあるのが最大のメリットだ。

私の会社でもオフィスの近くにコワーキングスペースを借りている。社員が気分転換したいとき、一人で集中したいとき、会議室を使いたいときに自由に使えるようにしている。

また、「本と出会うための本屋」という六本木にある「文喫」は面白い。入場料一五〇〇円で一日中利用が可能で、仕事をするスペースがあるほか、無料でコーヒー、お茶も飲める。

私の場合も何かアイデアに煮詰まったときは、書店に行くことが多いので、約三万冊が置いてある「文喫」はワーキングスペースとしても魅力的だ。

アメリカのRemote Yearというサービスは一定期間、毎月世界各地を転々としながら生活をするというもの。毎月二〇〇〇ドルの負担でみんなで世界を移動しながら仕事をするという。家賃だと思えば二〇〇〇ドルは高くない。

住む場所、働く場所を提供され、大勢で移動しながら生活していく。このサービスが話題になったということは、世界ではそれだけリモートワークしている人が増えているということで、それがどんどん可能になってきているということ。

本書で再三書いているように、移動しながら生きることが簡単になってきている。

だからこそ、ぜひ、あなたにも挑戦してもらいたい。

お金を払ってでも、移動しながら働くことにはメリットがある

「移動ありきの人生」が、他者と違う視点を与えてくれる

このように「移動ありきの人生」が今の時代は簡単に実現可能だ。そして、「移動」こそあなたの能力を開花させ、人生を変えることになる。移動しまくることで、今までの当たり前が当たり前じゃないことに気づくことになる。だから、今まで見てきた世界と違う世界があることに気づくわけだ。

たとえば、私は外国に暮らしていたが、そこでは大して英語も話せない無能の人間として扱われる。

だから、私は日本で働く外国人を「すごいな」といつも思えるし「来てくれてありがとう」とすら思える。

移動すると、当たり前が当たり前じゃなくなる。他人と違う視点が手に入るから他人と違う人生になる。だから、面白いコンテンツもつくれるようになる。

結局、私たちの脳はいつも同じ場所にいると、何も考えなくなり、何も感じられなくなる。

そして、不感症になっていく。「日常が感覚を麻痺させる」という哲学者ハイデガーの言葉の通りで、私たちは同じ日々の繰り返しの中でどんどん感覚が麻痺していくわけだ。

「移動ありきの人生」を選び、そこから逆算して、どんな仕事をするのかを考えるのがいい。私はコンテンツビジネス、特に教育コンテンツを勧めたが、これはあくまでも一例でしかない。あなたならもっと違う方法で「移動ありきの人生」を実現できるかもしれない。

場所を変えると、人は考えるようになり、感じるようになる

海外で流行っていることは稼ぎのヒントになる

移動することで、他人と違う情報が手に入るし、他人と違う視点が手に入る。

私はいくつかの拠点を移動することで、コンテンツビジネスで稼いでいる海外の人々が何をやっているのかを見る機会に触れる。

私がユニークだと思ったのは、「Belly 2 Birth」というオンライン講座だ。この講座は、新しく母親になる人たちに、スムーズでポジティブな出産体験を提供するために必要なことを提供している。出産という多くの女性が体験していることを講座にできるというのは大きなヒントになるはずだ。

また、教育分野では、子どもたちにプログラミングを教える Tynker というオンラインコンテンツが非常に優れており、多くの日本人に知ってもらいたいと思っている。

ここまでで、住む場所、働く場所について書いてきた。そして、次章は人生戦略上、もっとも重要であり、もっとも難しい「人間関係」について書いていく。

私たちの悩みのほとんどが人間関係によるものだという調査があるくらい人生に多大な影響をもたらすので、続けて読んでいこう。

海外ビジネスの視点を組み込んでいく

第４章まとめ

・会社員を辞めると、人生の選択肢が増える

・「誰と」「どこで」「いつ」の3つを自分で選べない状況は異常事態

・優秀な会社員ほど、損をする仕組みになっている

・ITスキルが不必要で、マーケットが広がっていくビジネスをする

・コンテンツビジネスは、ずっと稼げるおいしいビジネス

第5章

なぜ、移動すると良い人間関係が増えるのか？

〜キャラクター設定で、人生は思いのまま！〜

キャラクターが人生を決める！

ここまで読んでくれて、ありがとう。ここまでは、あなたの頭の中にノウハウを詰め込んだにすぎない。

ここからは、あなたに、

「ここまでの人生を辞めてもらう」

つもりで書いていく。

きっと、あなたが本書を手にとったのも「人生を変えたい」という思いがあったからだろう。

「移動という言葉になんとなく惹《ひ》かれた」くらいの人から、「人生を一からやり直したい」なんて人もいるだろう。程度の差こそあれ、「人生を変える」という意味ではアプローチは同じだ。だから、ここからの話を真剣に聞いてほしい。

まずわかってほしいのは、

「キャラクターが人生を決める」

ということだ。

多くの人が人生そのものを変えにいこうとして失敗する。セミナーに出たり、成功哲学を学んだり。そのような人生を変える系のコンテンツは、「行動を変えよう」「習慣を変えよう」というようなものばかりだ。

正直、これらができる意志の力がある人だったら、とっくに人生を変えている。

本書のテーマでもあるが、「意志の力ではなく、環境の力を利用する」というアプローチしか、意志の弱い凡人は人生を変えることはできない。だから、移動による環境の変化をずっと書いてきた。

ただ、その結果、「本当に人生が大きく変わるの？」と思った人も多いだろうから、その仕組みを解説していく。

「キャラクターが人生を決める」。実は、今のあなたもなんらかのキャラクターを演じていることに気づこう。いや、多くの場合、演じさせられている。

「そんなことない」という人もいるだろうが、これが現実だ。「キャラクターなんて意識したことない」と思うだろう。でも、これが現実だ。

凡人は〝意志〟ではなく「環境」で人生を変えるしかない

あなたのキャラクターは誰に決められた？

何が恐ろしいかというと、ほとんどの人が「無意識」にキャラクターを設定させられ、演じさせられてきたということだ。

「無意識」だからキャラクターを意識できない。その結果、キャラクターに手をつけるのではなく、「何をするか」という行動にフォーカスすることになり、何も変わらない。

拙著『モテる読書術』にも、読書を習慣化するためには、「読書をする人」というキャラクター設定を先にしろと書いたが、それと同じだ。

では、今のあなたのキャラクターは誰が決めたのだろうか。この答えは簡単だ。**ずばり、あなたの「親」があなたのキャラクターを決めたと言っていい。**

もちろん、生まれてすぐに施設に預けられた人は別だが、大半は生まれた直後は親元で過ごしているはず。だから、あなたのキャラクターを決めたのは親だ。特に核家族化が進んでいる日本では親である可能性が高い。

だからなのか、自分の人生がうまくいかない理由を、幼少期の親との関係に求める人も多い。心理カウンセラーみたいな人もやたらと親との関係を指摘する人が多い。

たとえば、虐待を受けたとか、貧乏だったとか、いろいろあるかもしれないし、それが原因で人生がこじれることもあるかもしれない。

ただ、それをいくら言っても、そこをいくらほじくり返しても、何も変わらない。

それならば、親からの影響を一切排除することが重要だ。そうすることで、親に設定されたキャラクターとも決別できる。

ただし、親の影響を排除するのは本当に難しい。

私の場合、父親は二〇年以上前に亡くなり、ほかの家族とも長い期間にわたり連絡をとっていないにもかかわらず、時折、父親からの影響を感じることがある。

『親は100%間違っている』（光文社）という本を書いている私でさえそうなので、

このことを強く意識していない人が親の影響下から逃れるのは容易ではない。

私が勧めるのは、過去を連想させるものをなるべく身の回りから排除すること。

過去を連想させるものを断ち切っていくことによって、まずは親から設定されたキャラクターをリセットしていきたい。

ジム・キャリー主演の『エターナル・サンシャイン』という映画でも、恋人の記憶を抹消する手術の前に、恋人を思い出すものをすべて捨てるシーンがあったりする。

人は思い出す手がかりがなければ、何も思い出さないものなのだ。

過去を連想させるものを捨てる

私たちは「過去との整合性」をとろうとする

なぜ、私が今までのキャラクターをリセットしろというかというと、私たちの言動は基本「過去との整合性」をとるためのものだからだ。

考えてみれば当たり前だが、あなたの周りにいる人の大半はあなたの過去を知っているわけで、彼らはあなたに「過去のあなた」を期待している。

ということは、「過去のあなた」と整合性のない行動や言動をとれば、反発を食らうことになる。反発を食らいたい人はいないから、無意識に「過去との整合性」をとる人生を生きているというのが大半だ。

自己啓発書が売れたり、自己啓発セミナーに需要があるのは、過去のキャラクターとの決別をしないまま人生を変えようとするために、永遠に何も変わらない人が量産されていくからだ。そのため、同じ人が何度も同じような本を買いまくる。それは、まるでダイエット本や英語本を何度も買う人たちと似ている。

キャラクターを変えないまま、行動を変えようとするのは無理があるし、「できない自分」を突きつけられていくだけでどんどん苦しくなっていくだけ。

そして、苦しくなるから、また安堵《あんど》を求めて同じような本を手に取ったり、「ありのままでいい」みたいな適当なことを言うセミナーに通いつめることになる。

そうなったら、「変えたい→変えられない」という無限ループにはまりこみ、どんどん判断力が低下していくことになる。

だから、まずやるべきことは、キャラクターのリセットなわけだ。私たちの行動や言動は多くの場合、無意識的に選択される。再三言っているように、「過去との整合性」をとるためだけが目的だからだ。

つまり、あなたの行動は過去にコントロールされている。そこで、重要なのが「移動」である。過去にコントロールされない環境に移動してしまえばいい。

たとえば、海外に行けば、日本でのルールは通用しない。レストランで食事した後の会計の仕方すら違うことが多い。そこがアメリカなら、チップも払う必要が出てくる。

もちろん、これ以外にもあらゆることが違うので、過去のルールが通用しなくなる。だから、移動が過去からのコントロールから逃れるためにてっとり早い。

移動することで、「過去を知っている人」「過去によるコントロール」から逃れることができる。結局、そこからしか「新しい人生」は始まらない。

いや、もっと言えば、そこからしか「自分の人生」は始まらないと言ってもいいだろう。まずは、過去から逃れる環境に移動することだ。

過去にコントロールされない環境に移動する

世界はポジショントークでできている

私たちはどのようにして、キャラクターを維持しているのだろうか。これを理解することで、あなたはよりキャラクターを意識することが可能になる。

よく「世間体」という言い方をするが、これがまさにキャラクターの維持のために機能していると言っていい。

たとえば、SNSを見ればわかりやすい。SNSも世間の一種だからだ。人は何かに所属することが本能的に好きで、そこから排除されることを極端に恐れる。だから、SNSという世界でも世間体を気にするようになる。当然、そこではそこで期待されるキャラクターを演じる。過去との友人関係が濃いSNSがメインならキャラクターは過去の延長線上だろう。

ただ、全く違う人たちとのSNSなら全く違うキャラクターになることも可能だ。

つまり、どの世間で生きるかを選択できるようになるわけだ。**だから、一番、心地良いキャラクターを認めてくれる世間を見つけたらいい。**

たとえば、Xならフォローする人次第で見える世界が違ってくる。面白いのは、人はそのキャラクターにあった発言、行動をしはじめるということ。

ただここでも注意が必要だ。最初は自分で選んだ世間であっても、いつの間にか世間体を意識するようになり、その世間体のための発言に変わっていくからだ。これをポジショントークと言ってもいい。

簡単に言うと、最初は自分でコントロールしていても、気づくとコントロールされている。これが環境の力でもあるわけだ。ここが理解できないとたまたまキャラクター設定がうまくいっても、その世界で成功した後に失敗してしまう。

成功してしまったが故に、成功者としての発言、行動を期待され、その期待に応えるようなポジショントーク、ポジションアクトになってしまい、最後にはそれがいきすぎて「人が変わった」と言われ自滅していく人を多く見てきた。

これはいつの間にか環境によって行動がコントロールされてしまったが故に起こる。成功した途端に、人が変わり、最後は破滅していく人はこのパターンだ。

私たちが生きている世界は、みんながそれぞれの立場でポジショントークを放ちながら成立していると言ってもいい。

よく国会議員が失言するが、あれは自分の世界でのポジショントークを別の世界でやっているにすぎない。ありえないレベルのものが多いわけで、ポジショントークのミスマッチと考えないと理解できない。

話を戻すが、私たちが生きている世界は、人それぞれがポジショントークを放ちながらできている。だから、どの環境に入るかで、無意識的にポジショントークを放ち、キャラクターが決まってしまう。

ただ、**このことを意識して生きることができれば、自分にとって都合の良いキャラクターになることも可能だということ。**

自分にとって都合の良いキャラクターになれれば、自分にとって都合の良い人生が待っていることになる。キャラクターが人生を決めるからだ。

にもかかわらず、多くの人はなんとなく選んだ環境に入るか、もしくは自分で選んでない環境に入り、無意識にポジショントークを放ち、キャラクターを決められ、人生を決められてしまっている。

しかも、生まれたときからそうやってきたから、人生をコントロールできないでいるし、変え方も知らない。

自分に都合の良いキャラクターになると、都合の良い人生を生きられる

たまたま成功しただけ

ここまで書いてきたように、私たちは環境の影響を強く受ける。どの環境にいるかによって人生が決まる。そして、一度、ある環境に入ってしまえば、キャラクターが設定され、人生が決められていく。

ということは、私たちがやるべきは、環境を選ぶ自由をいつも持っておくことだ。

だから、私はいつも「何を選択するのかではなく、選択肢を増やすこと」を基準に生きるべきだと伝えている。自分の生きる環境に関する選択肢を持つことで、人生をコントロールできるようになる。

そこで重要なのが、「移動」に慣れる人間になること。だから、「移動ファースト」ということを理解しよう。つまり、

「簡単に移動できるキャラクター＝簡単に人生を変えられるキャラクター」

ということ。

多くの人生を変える系の本は、意外とこのことを言っているようで言ってない。環境の重要性を説いていることは多いが、ここをメインに語ることは少ない。

その理由は簡単で、著者自身も無意識的に良い環境にいて、成功したからだ。多くの人は後から成功の要因を語るわけだが、それはあくまでも後付けだ。

私の例で恐縮だが、編集者時代に一〇〇〇万部以上の本を売ることができたのも、たまたま良い環境にいたからにすぎない。二八歳のときに、小さな出版社にアマゾンが上陸したタイミングで入社し、良い上司に出会えたというだけだ。

私が入社した出版社は小さかったので大手書店からは相手にされない。アマゾンは大手出版社からは相手にされない。そこで私は、アマゾンで本を売ることにフォーカスしたら、次々とベストセラーが生まれていった。

と同時に、私はインターネットマーケティングのスキルも手に入れたおかげで、独立した後もマーケティングコンサルタントの仕事までできるようになった。

振り返って思うのは、本当にたまたま良い環境にいたなということ。努力もしたし、死ぬほど働いたという自負もあるが、それができたのも環境のおかげだ。

なぜなら、三〇歳までの私は何をやっても中途半端で、なんの結果も、なんの成功体験もない人生だったわけだから。

だから、うまくいくまで環境を変えまくることを勧める。ただ、人は慣れた環境にいたがるから、移動することが当たり前になるキャラクターを設定する必要がある。

だから、「移動ファースト」という生き方を選んでほしい。

移動するのが当たり前のキャラクターを設定する

都合の良い未来との整合性をとれ！

先ほど、私たちは「過去との整合性」をとるような言動、行動をすると述べたが、これはすなわち「環境との整合性」をとることでもある。多くの人が過去をベースとした環境に居るために「過去との整合のとれた自分」になっているだけ。

私たちは性質として「環境との整合性」をとるわけで、そう考えたときにあなたは「都合の良い未来との整合性」をとるようにしたほうが、都合の良い未来が手に入ることになる。

すべてのフォーカスを未来に持っていけるかが人生を変えるためには重要になってくる。だから、人生を変えるアプローチとしては、

移動ファーストの体質にする

↓

都合の良い環境に飛び込む

という手順しかない。

「移動ファーストの体質にするには、どうすればいいか」という点に関しては次章を参考にしてもらうとして、ここでは「都合の良い環境」について考えていく。

おそらく自己啓発などで言われるのは、「ワクワクする環境」「やりがいのある環境」「好きなことで稼げる環境」みたいな表現になるだろう。

ただ、**こういうフワっとしたものは信じないほうがいい。**現実的でないからだ。

こういった感情に左右されるのは現実的ではない。人の感情なんて浮き沈みがあるわけで、現実を動かすのには適していない。

現実を動かすのは「ワクワク」ではなく「コツコツ」だからだ。コツコツと淡々とやったことしか現実を動かさないのは理解できるはずだ。

感情は熱しやすく冷めやすい。今日好きだったことが一年後に好きとは限らない。

だから、感情を動機にしてしまうと、あっちに行ったりこっちに行ったりする人生になり、他人に翻弄《ほんろう》されることになる。

現実を動かすのは「ワクワク」ではなく「コツコツ」

ポジショントークを言い始めたときが、環境を変えるとき

「環境→感情→行動」によって人生が決まっていく。

だからこそ、感情ではなく、環境を選ぶことで自動的に行動を選ぶことにつながり人生が自由自在になっていく。

では、環境を選ぶとはどういうことなのか。それは、いろんな環境を選べる自分になっておくことでしかない。だから、私はしつこく、

「人生の基準は選択肢を増やすこと」

と言う。仮に今、あなたが「あなたにとって都合の良い環境」にいるとしても、二～三年後に「あなたにとって都合の良い環境」とは限らない。

むしろ、知らぬ間にその環境におけるポジショントークを強いられ、人生の主導権

を他人に奪われてしまうかもしれない。

だから、今どんなに良い環境にいても、いつでも移動できる選択肢を持っておくことが重要だ。

では、**選択肢を増やすためにやるべきことは何かというと、「知識と経験をアップデートし続ける」しかない。**

「あなたにとって都合の良い環境」にいればいるほど、周りが見えなくなっていくわけで、たとえどんな環境にいても知識と経験をアップデートし続けるようにすることが重要だ。

知識と経験をアップデートし続けることで、新しい世界を知ることができ、新しい出会いも生まれ、新しい選択肢が視野に入るようになる。

そうすることで、選択肢がどんどん増えていく。選択肢がどんどん増えていくと、将来にわたり自分を見失わないという効果も期待できる。

結局、選択肢が増えることにより、あなたがあなた自身を見る視点が上がり、より自分を客観的に見ることができるようになる。

新しい「現実」をつくるために知識と経験をアップデートする

アップデートの合言葉は「初体験」

選択肢を増やすためには知識と経験をとにかくアップデートし続けることが重要なわけだが、そのためにやるべきことは「初体験」をし続けることしかない。

人というのは環境にどんどん慣れていく生き物で、慣れていくと何も考えなくなる。だから、「移動しろ」というのが本書のテーマであるわけだ。本当に多くの人が何も考えずに生きているし、生きていけてしまうのが日本だからだ。

その中でそうならないために毎日、明確な行動指針を持つことが重要だ。

「目的＝選択肢を増やす」

「手段＝知識と経験をとにかくアップデートする」（初体験をし続ける）

ということ。**何かを決めるときは、「知らないこと」「やったことがないこと」を選**

ぶというだけのことだ。

もちろん、あなたの脳は抵抗するだろう。脳というのは、新しいことが大嫌いだからだ。だから、脳は「不安」をつくり出す。あなたの脳は「やらない理由」を創造しまくる。

でも、安心してほしい。それはあくまでも脳の習性であって、脳が自分の機能を果たしているにすぎない。

部屋の温度が暑くなったから、汗をかくのと同じだ。新しいことをやろうとしたから、不安を考えるというだけのこと。汗を拭うように、不安も拭えばいい。

それでもなかなか一歩が踏み出せない人が多いのも知っている。そんな人はよく考えてみてほしい。

あなたは未来に向かって生きたいのか、過去の延長線上で生きたいのか――。

こう自分に問うたときに、あなたは前者を選ぶだろう。

「未知なもの」が未来につながり、「既知なもの」が過去につながっているのは明確だ。であれば、「未知なもの＝初体験」を選ぶしかない。

面白い人になり、面白い人に出会い、面白い人生を送るために

新しい知識に触れ、新しい体験をし続ければ、当然、面白い人生にもなるし、面白い人間にもなってくる。新しい場所に行くことにもなるだろうし、新しい人にも出会うだろう。

もちろん、無闇に人に会ってもしかたないが、自分がどんどんアップデートされていけば、良い出会いもあるはずだ。

陳腐な言い方になるが、「人生は出会いで決まる」のも事実。

ある意味、本書のテーマである「移動」というのは、**まだ見ぬ人、まだ見ぬ出来事、まだ見ぬ場所、まだ見ぬ何かに出会う旅と言ってもいい。**

私の場合は音楽が好きというのもあって、まだ知らない名曲に出会うために生きて

いると思っているし、元編集者ということもあり、まだ知らない面白い人に出会って、その人を世に出したいという思いからいろんな活動をしている。

私は普段から「やりたいことはなくていい」とは言っているが、やりたいことが見つかったほうが良いに決まっている。

でも、それはほんの一部の人が出会うものであって、自己啓発書にありがちな「やりたいことを探そう」なんて低レベルなノウハウでは出会えない。

もう出会った瞬間に居ても立ってもいられないような衝撃を受け、もう何もかも捨てて行動してしまうようなものが本当のやりたいことなのだ。

つまり、探すことではなくて、出会うことだということ。

そういうものに出会えれば、きっと最高の人生になるだろう。

ただ、そういう期待をせずに、淡々と初体験をしていけばいい。そうすれば、人生は違ったものになっていく。

探さない。淡々と初体験を重ねて、出会うのを待つだけ

うまくいく直前には、こういう人が必ず現れる

この章に書いたことを実践すれば、あなたへの風当たりは強くなるだろう。嫉妬のような感情を抱かれたり、「頭がおかしくなった」とか「誰かに騙されている」と噂されたり……。

前述したように、私たちの生きている世界はポジショントークでできているわけで、突然、あなたの行動が変われば身近な人ほど、否定するような言葉を放ってくるだろう。

これがいわゆるドリームキラーで、何が恐ろしいかというとあなたに近い人ほど否定してくるということ。これも脳が不安を考える機能を持つのと同じように、身近な人の機能なだけだ。

だから、そこまで悪気があるわけでもなく、彼らなりに機能を全うしているだけにすぎない。

「ネガティブなことを言ってくる人は必ず現れる」と覚えておこう。

最初からわかっていれば何でもないことでも、知らないとどうしてもうろたえてしまうだろうから。

特に今の世の中はＳＮＳの影響もあり、多くの人が他人のことを気にしすぎる。それに、今は「誰にでもチャンスがある社会」ということもあって、自分ができないことを誰かがやっていれば嫉妬の感情が湧く。

もしこれが「誰にでもチャンスがある社会」でなかったら他人を気にすることもないし、嫉妬も湧かないだろう。

でも、その代わりに「誰にでもチャンスがある社会」になったのだから、そこをうまく利用してネガティブな人たちは無視して生きていこう。

どうだっただろうか。この章では私たちの人生で一番重要な「人間関係」について書いた。ぜひ、参考にして、より良い未来を歩んでほしい。

次章では、あなたを「移動体質」にするためのアクションプランを書いていく。今からできることばかりを書いたので、一個一個実践してほしい。

他人のネガティブな反応は、チャンスをものにできる合図

第5章まとめ

・理想の人生を実現するために、都合の良いキャラクターになる

・あなたのキャラクターは、基本的に親に決められている

・知識と経験のアップデートが、仕事、人、お金を集める

・アップデートするとは、初体験をし続けること

・行動力が高まると、あなたの前にドリームキラーが現れる

第6章

移動体質をつくる30のアクションプラン

この章では、あなたを「移動体質」にするべく、今からできるアクションプランを用意した。一つずつ紹介していくので、実践してほしい。

プラン1 「即レス」「即イエス」「即報告」を心がける

ますます信用が重要な時代になってきている。AIのおかげで、仕事のクオリティの個人差がどんどんなくなっていくからだ。

ますます「誰が」ということが問われるようになった。

そのときに重要なのが信用だ。信用がなければそもそも呼ばれないし、関わってもらえない。そして、信用を得るためにやるべきは、「即レス」「即イエス」「即報告」だ。

レスポンスが速いだけで、相手に安心感を与えることができる。レスポンスがなければ不安になるのが人間だからだ。

すぐにイエスを言えるかは、自分の利益だけを考えていない証拠だ。逆に、すぐにイエスが言えないのは、得かどうかを計算している証拠だ。当然、自己利益しか考えていない人は信用されにくい。

報告も重要だ。仕事は報告して完了する。だから、依頼されたもの、アドバイスをもらったものは、すぐに実行してすぐに報告。

これをやっていると、どんどんアドバイスや仕事がもらえるようになる。成功するチャンスも増えていく。

「即レス」「即イエス」「即報告」を心がけるだけで人生はどんどん良い方向に行く。

プラン2 率先して人を紹介する

何度も書くが、人生は人間関係で決まる。「良い人生＝良い人間関係」というのは、あらゆる研究結果で証明されてきた。

では、良い人間関係をつくるにはどうすれば良いのか。

答えは簡単で、**良い人間関係を持っている人に、人を紹介してもらえばいい。**その人が紹介してくれる人は、信頼できる人だからだ。

紹介されるためには、紹介する人になること。何事も自分から与えるから、与えられる。だから、自分から人を紹介しまくることから始めよう。

もちろん、人としての礼儀もできていないといけない。礼儀をわきまえない人を紹介してくれる人はいないのだから。

プラン3
年下の知人を積極的につくる

私は三八歳のときに独立した。そのときに意識したのは、年下の人たちと仕事をするということ。そこから十数年が経ち、今では知り合いのほとんどが年下だ。振り返ってみて、年下と仕事をしてきて良かったと思っている。

おかげで生き残れている。**もし、独立したときに、なんの意識もせずに新しい人間関係をつくっていなかったらと思うとゾッとする。**なにせ、当時は年上とばかり仕事をしていたからだ。

その経験で言えることは、年の離れた知人をたくさんつくることは意識しないとできないということ。そして、それをやっていかないと、どんどん価値観が狭くなり、古くなり、人生がつまらなくなる。

人は意識しないと、年や価値観の近い人としかつき合わない。私がいつも意識しているのは、自分と違う人たちと関わることだ。だから人生はいつも新鮮だ。

プラン4 著者に会いに、書店イベントに行く

人生は出会いで決まる。そして、良い人間関係が良い人生をつくる。これは人生だけではない。ビジネスをやるときも、良い人間関係が良い結果をもたらす。

特に、ビジネスとなると、**各分野の高いレベルの人と関われるかが肝だ**。当然、そういう人は知識や経験がある。また、それとともに人脈もある。

私は凡人なので、そういう人たちと仕事をすることを意識している。

では、業界のトップとは、どこで出会えるのか。

トップの実績を出している人は、出版している場合が多い。出版すると書店イベン

トを行なう。

そういう場に参加して、著者に積極的に会いに行こう。レベルの高い人の思考法や立ち居振る舞いを学ぶだけでも人生は大きく変わる。

プラン5 コミュニケーションコストが低い人になる

本書で再三書いているように、良い人生は良い人間関係で決まる。そのためにも意識してほしいのが、コミュニケーションコストだ。簡単に言えば、「**めんどくさい奴だと思われないようにしろ**」ということ。

たとえば、やたらと長いメールやメッセージはコミュニケーションコストが高い。なぜなら、相手の時間を奪うからだ。

とにかく、文章は簡潔に書く。そして、ナンバリングをして、相手が一言で返せるように心がける。もちろん、即レスもコミュニケーションコストを下げることにつながる。

人はめんどくさいと思った人と会いたいとは思わない。何が恐ろしいかというと、めんどくさいという感情は意外と無意識に刻み込まれている。だから、めんどくさい人は、人から無意識に無視されていく。この世に存在しないことになる。

一方、コミュニケーションコストが低い人は、仕事ができると思われる。そして、無意識に好意を持たれるようになる。

相手が不快に思わないようなコミュニケーションを心がけよう。

プラン6
効率ばかりを重視しない

効率だけを求めていると、人生はつまらないものになる。ましてや、ＡＩが出てきた時代に効率を追い求めるのは得策ではない。

効率だけを重視している人に魅力を感じることがあるだろうか。

ほとんどの人が「ない」と答えるはずだ。

人間が人間である理由は、遊びや趣味という、一見役に立たないことに熱中するか

らだ。効率性はＡＩに任せて、非効率なことに時間や能力を使うべきだろう。

私は『時間編集術』（あさ出版）という自著の中で「アンプロダクティブタイム」という概念を提示した。これは、非生産的な時間を意味するわけだが、この時間を捻出するために効率を極めることを勧めている。

つまり、効率を求めるのではなく、非生産的な時間を捻出するためにＡＩを多用し効率を極めるように心がけよう。

プラン7 記憶に残る人になる

よく言われていることだが、「何か」よりも「誰か」が重要になってくる。ＡＩのおかげで「何か」の部分は差別化が難しくなってくる。簡単にいうと、すべての人の能力差がなくなってくるということだ。

昔、本をつくらせてもらったジェームス・スキナーさんと講演で一緒に登壇したときに、彼が言っていた言葉が印象に残っている。

「産業革命は筋肉の民主化、インターネットは情報アクセスの民主化、ＡＩはＩＱの民主化」

もはや仕事のクオリティ、効率化では、差別化はできなくなってきた。だとするなら、残るのは「誰か」という部分だけ。そのときに重要なのが、パーソナルブランディングだ。

わかりやすく「私は○○です」と言えるようにしよう。ＳＮＳをやるならば、プロフィールや投稿も徹底して、自分が何者かを追求していくべきだ。

その結果、ブランドストーリーが生まれ、周りにキャラクターが認知されていく。認知されれば、思い出される。思い出されれば、呼ばれる。紹介もされる。とにかく、他人の記憶に残るための行動を重ねていこう。

プラン8 通勤経路を変える

通勤、通学の経路を変更することをやってみてほしい。私が一番怖いと思うのが、何も考えなくても勝手に職場に着いてしまうのが、当たり前になってしまっていることだ。

慣れれば何も考えなくてもできるようになるのが私たちの能力なわけだけど、その分、何も考えない人間にどんどんなっていく。

たとえば、首都圏の満員電車なんて、人間が乗るようなものじゃない。当たり前のこと、普通のこととして満員電車に毎朝乗ることを受け入れてしまっている。

これは、思考停止状態と言っていい。私はあまり日本の電車に乗ることはないが、駅の中を歩いている人のイライラぶりには本当に驚かされる。

そして、満員電車通勤が当たり前になっていけば、人生そのものがイライラに満ちていくだろう。いつも感情が乱れていると、まともな人間関係なんて築けないし、まともな人生も期待できないはずだ。

話を戻すが、**いつもと違う通勤、通学経路にする、もしくは時間帯を変えるだけでもいい。**とにかく、毎日、「自分の当たり前」を破壊していこう。そうすることで、脳が覚醒し、体に感覚が戻ってくるだろう。私たちは、日常の中で麻痺させられてしまっているのだから。

本当の人生は、まずは麻痺状態から抜け出すことでしか始まらない。早く不感症から抜け出そう！

プラン9
1泊の海外旅行に行く

私はよく一～二泊で海外に行く。毎月のように日本とアメリカは往復しているが、それ以外にも海外に行くようにしている。そして、私は自分の周りの人も一～二泊というようにいわゆる「弾丸」で海外に連れて行くことが多い。その理由は、「**いつでも、どこでも行ける**」**というメンタルをつくりたいからだ。**

多くの人の場合、特に会社員は海外に行くとなると、だいぶ前から休みを取り、きちんと計画を立てる。でも、それでは海外に行くことがどんどん大変なことになっていく。移動体質になんかなれない。

だから、一～二泊で行く癖をつける。たとえば、東京から台湾なら航空券も安いものもあるし、一泊で行くことは可能だ。韓国なら日帰りだって可能だろう。

とにかく、「いつでも、どこでも行ける」という自分になるためにもまずは弾丸海外旅行を計画しよう。

プラン10 年4回は海外へ、年4回は国内へ

弾丸海外旅行を提案したが、あえて最初のうちはノルマを決めるのもいい。移動体質ができるまでは強制力も必要だ。

だから、最低でも年間四回くらいは海外に行くように決めてしまおう。

もしあなたが東京近辺に住んでいるのなら、お金も時間もそこまでかけずに行ける所を選んでもいいだろう。たとえば、台湾、韓国、タイ。ハワイでもいい。まずはハードルが低い所から出かけてみるのを勧める。

とはいえ、年四回では少ないので、それ以外は国内も年四回くらいは行きたいところだ（できれば、年六回ずつで毎月を勧める）。

国内だとしたら、なるべく遠くがいいし、日帰りがいい。私の場合は仕事で福岡、大阪にはよく行くが、あえて北海道に日帰りでご飯を食べに行ったりもする。

こういった話を書いていくと、まるで私が旅行好きだと思われるかもしれないがそんなことはない。なんだかんだ言って、東京が快適だし、大好きだ。ご飯もおいしいし、街もきれいだし、日本語も通じるし。

だから、むしろ旅行好きではないし、よくありがちな「海外旅行＝自由」みたいなイメージも大嫌い。

私は極端な話、海外も国内も一人で行って、一泊してすぐ帰ってくればいいと思っている。観光地だって回る必要もないし、一泊もせずに朝着いて、夜便で帰るのもいい。

私が言いたいのは、移動することそのものに意味があるということ。

年四回ずつくらい国内外を移動すると、移動に慣れていく。そうやって移動体質を手に入れれば、人生が変わり始める。

プラン11

月1回はホテルに泊まる

ここまでは旅行みたいなことを書いてきたが、それでも「時間がない」「家族がいる」なんて言い訳をする人がいる。

だから、月一回、ホテルに泊まるのもいいだろう。ちょっとした旅行気分も、引っ越し気分も味わえる。ホテルからの出勤も気分転換になるからいいだろう。

ところで、あなたも気づいたと思うが、こんな移動生活を続けようと思ったら、なんだかんだお金がかかる。だから、自分で稼ぐ力をつけてほしい。

先日も年収一〇〇〇万円くらいの医師と話す機会があったが、私は「毎週ホテルにでも泊まれば」と提案した。彼とは長いつき合いだが、「人生を変えたい」と言いながらずっと何もしてこなかったのを見ていたので、そうアドバイスした。

結局、**人はリアリティを感じることでしか、行動できない。**

たとえば、年四回海外に行ったり、月一回ホテルで生活していることで、そういった人生が当たり前になってくるわけだ。

リアリティは当たり前かどうかだ。当たり前の度合いがリアリティの度合いだ。だからこそ、最初は強制的に年四回の海外、年四回の国内旅行、月一回のホテル宿泊をやってみてほしい。

そこにリアリティを感じたら、その生活を維持するための稼ぎ方が見えるようになってくるからだ。結局、行動しないのは、理想より現状のほうにリアリティを感じているだけだから。

プラン12 海外在住の日本人と関わる

リアリティという意味では、海外在住の日本人とつながるのもいい。海外在住の日本人にとっては、異国に住むこと、移動することが当たり前だからだ。

よく言われることだけど、「友人五人の平均年収があなたの年収」なんて話があるように、どういう知り合いがいるかによって、あなたの現実が決まってくる。

だから、海外在住の日本人とつながることで、移動体質になっていく。

今思えば、私が海外に臆することなく住めたのも、海外に住んでいる知人が結構いたからだ。カリフォルニアにもハワイにも著者が住んでいた。

だから、最初はハワイだったし、その次はカリフォルニアだったのかもしれない。

もちろん、当時はそんなことは意識していなかったが、結果的にはハワイとカリフォルニアに住んでいた。今ではSNSがあるので、海外在住の日本人とつながるのは比較的簡単なはずだ。ぜひ、どんどんつながっていこう。

プラン13 嫌いなことにもチャレンジする

巷には「好きなことをしよう」というメッセージが蔓延している。

しかし、もしあなたが人生を変えたいなら、間違いなく嫌いなことをやるべきだ。

人生を変えるというのは、価値観を変えることに他ならないからだ。

好きなこと＝過去の価値観だから、それをやり続けても人生は何も変わらない。

むしろ嫌いなことをやったほうが、新しい価値観に出会うことは多いはずだ。たとえば、子どもの頃に食べられなかった野菜が、大人になってから食べられるようになった経験はないだろうか。嫌いだったものを食べることによって、新しい世界が見えたわけだ。同じように、嫌いなものにどんどんチャレンジしてみよう。

プラン14 役立たないものに触れる

これからは、教養があるかどうかで人生の豊かさが決まる。

なぜなら、ほとんどのことがＡＩに取って代わられてしまうからだ。だとするなら、人間に残されているのは教養だ。

情報を得たり、情報をまとめたり、情報を分析したりはＡＩに敵わなくなる。ただ、教養は別だ。

教養とは何かと言えば、一つの物事を自分なりに楽しむことだろう。

たとえば、『源氏物語』のような古典を読むことは、一見、現代社会では役立たない。

ただ、こういった教養があることで、歴史的背景を知ったり、表現力を学べたりする。また、教養がある人は、人間関係もつくりやすい。知識がある人は魅力的に映るからだ。魅力がある人とは、皆つながりたいと思うもの。

私が伝えたいのは、役立たなそうなものをどんどんやっていくことの大切さだ。古典を学んでもいい。美術館に絵を見に行ってもいい。最初はわからなくてもいい。とにかく、そういうものに触れていくようにしよう。

触れる回数が増えると、それだけ教養も磨かれていく。

プラン15 ユーチューブは観ない

よくインプットについて聞かれる。人生はアウトプットで決まるわけだが、それを決めるのはインプットだからだ。

特に昨今はフェイクニュースがネット上に溢れる時代だから、情報の取捨選択は人生を大きく左右する。

ただ、いろいろなメディアがある中で、ユーチューブとティックトックは観ないほうがいい。

理由は簡単だ。**何も考えない人間になってしまうからだ。**

今すぐスマホからこの二つのアプリは消すべきだ。動画は何も考えずに観れてしまう。そして、脳は楽したいから、動画が大好物だ。その結果、どんどんはまっていく。

これは脳の性質だから意志の力では抵抗できない。そのため、意識して避けるしかない。特に子どもには、この二つは観せないようにするべきだ。

プラン16

1日10分生成AIに触れる

私は仕事柄、AIに触れる機会が多い。特に、生成AIが学べるスクールをプロデュースしている関係で、進化速度には驚きを隠せない。本当に日々の進化がすごくてついていくのが大変だ。というか、無理だ。

ただ、間違いなくAIが当たり前の時代になる。今ではインターネットが当たり前になっているように。

だとするなら、普段から慣れ親しんでおく必要がある。

なので、毎日一〇分でいいから生成ＡＩに触れるようにしたほうがいい。

たとえ、今の人生や仕事に必要性を感じなくても、意識して毎日触れ続けているかどうかで数年後に差が生まれる。

プラン17 ロードムービーを観る

移動しなくても移動感覚を味わえる方法を紹介する。それは、ロードムービーといわれる映画をたくさん観ることだ。

ロードムービーとは、主人公たちが旅をしていくものを指す。人は映画にもリアリティを感じることができる生き物だ。**つまり、仮想空間にもリアリティを感じることができるということ。**

あなたも身に覚えがあると思うが、アクション映画を観て手に汗を握ったり、恋愛映画を観て涙を流したり。これは、映画館のイスに座っている感覚よりも、映画のほうにリアリティを感じているから起こる現象だ。

だから、私は移動体質をつくるためにロードムービーを観ることを勧めている。

こういうことを言うと「どの映画を観ればいいですか?」と質問されるから、ここまで読んでくれたあなただけに私のオススメを紹介しよう。

私が勧めるのは『モーターサイクル・ダイアリーズ』『テルマ&ルイーズ』『イージー・ライダー』あたり。

『モーターサイクル・ダイアリーズ』は、若き日のキューバ革命の英雄チェ・ゲバラを描いたもので、革命家に目覚めた理由がわかる映画だ。

『テルマ&ルイーズ』は巨匠リドリー・スコット監督の作品であり、中年女性二人が主人公という珍しい設定。最後のシーンが最高だ。

『イージー・ライダー』はヒッピー二人がバイクで旅をしていくものだが、「自由」について考えさせられる。

これ以外でも、「ロードムービー」で検索すれば、いろんなものが出てくるからたくさん観ていこう。

プラン18

1日1冊読書する

映画の話をしたので、本の話もしておこう。映画と同じように、小説でもリアリティを感じることが可能だ。読書量と年収は比例することからも、豊かな人生のためには読書が重要だ。

結局、「人生は出会いで決まる」からだ。

良い出会いが欲しいのなら、教養のレベルを上げないと難しい。自分のレベルと同等レベルの人としか出会えないのが、私たちの生きている世界だからだ。

詐欺話に騙《だま》される人は、「すごい人に出会った」みたいなことを言う。当然、そんな人はすごい人には会えないし、本当にすごい人は会わないだろう。

たとえば、マーケティングについて知らない人は、目の前にマーケティングの専家がいても気づけない。知識がないから見えないわけだ。

出会いは自分のレベルによって決まる。そのためにも読書は必須だし、一日一冊読めるくらいになるべきだ。

プラン19 洋楽か、歌詞のない音楽を聴く

映画、本ときたので音楽についても書きたい。実はこの三つの中で一番てっとり早く環境を変えることができるのが音楽だ。

「環境→感情→行動」の順で行動が変わるわけだが、音楽を変えるだけで環境が変わる。あなたも、かかっている音楽によって気分が変わったりすることがあるはずだ。

私も音楽を聴きながら、この原稿を書いている。私の場合は音楽が好きというのもあるが、気分を変えたいときに音楽も切り替えることにしている。

私の場合は、基本的に本を書く時間というのはあまりない。そんな中で本を書く時間を捻出するために早起きをするわけだが、それでも気分が乗らないことも多い。むしろ、毎回そうだと言ってもいい。

早起きしてカフェに行くところまではいいが、なかなか原稿に取りかかれなかったり、いつの間にかネットを見まくっていたり。そんなときにスイッチを変えるのが音楽で、私はたくさんのプレイリストを自分でつくっている。

たとえば、「やる気を出したいときのプレイリスト」だったり、「速く原稿を書きたいときのプレイリスト」だったりだ。もし、そういったプレイリストに興味があるなら、アップルミュージックで「長倉顕太」をフォローしてほしい。

前述したが、ＢＧＭとしての音楽は英語の曲か歌詞がないものがいい。日本語だと歌詞に意識が持っていかれてしまい、気が散ってしまう。

プラン20 海外の情報をインプットする

先にも書いたが、海外からの情報は日本では高く売れる。つまり、価値が高くなる。こう書くと、多くの人が「英語ができない」とあきらめるが、現代はもはやそんな時代ではない。

インターネットでは、当たり前のように翻訳機能がついている。なので、英語ができなくても誰でも情報を得ることができる。

やってほしいことは、SNSなどで海外メディアや外国人を徹底的にフォローすること。特に、海外の新聞や雑誌などは必ずアカウントがあるので、フォローしまくろう。

たとえば、経済なら『ウォールストリートジャーナル』のような金融、ビジネスもの。私は音楽が好きなので、『ローリングストーン』誌なんかをフォローしている。

プラン21 海外投資を始めてみる

より本気で海外情報を得たいなら、投資をするのもいい。

自分のお金がかかっているわけだから、本気になれる。私の場合は、投資という意識ではないが、アメリカに不動産を所有している。

実際、**自分が投資をしていると、為替が気になったり、景気が気になったりしてくる。**

もちろん、日本とアメリカでは違いはあるが、ある程度、連動もするので世界情勢を見る上では悪くない試みだと思う。

今なら手軽に海外株式や海外投資信託に投資できるので、そういうものから始めてみるのもいいだろう。資本主義社会である限り、経済情報には敏感になっておきたい。

プラン22 外貨を稼ぐ

失われた三〇年と言われる。これは日本が世界の中で凋落《ちょうらく》してしまった期間でもある。そして、高齢化する人口動態だったり、時代遅れの教育だったり、意味不明な政治だったりを見ても日本が復活することはないだろう。

私は日本が好きだし、住むには快適だ。ただ、経済的な面だけで言えば、日本の未来は悲観せざるを得ない。

実際、GDPはかつて二位だったが四位になり、二〇二四年最新のIMF発表の一人あたりGDPは三七位まで下がった。

こういう状況において、外貨を稼ぐという視点は重要だ。年齢が若ければワーキングホリデーに行くのもいいだろう。ただ、海外体験としては良いと思うが、その後のキャリア形成には役立たない。何度も言っている通りだ。

であれば、海外への投資、海外の大学か大学院への留学を真剣に考えてみよう。

プラン23 子どもを連れて海外の大学に見学に行く

私は教育コンテンツをプロデュースしており、世界中の教育に触れる機会がある。

そのときに感じるのは、日本の教育が時代に合っていないということだ。

詰め込み型の教育の弊害は言われて久しいが、まだまだ日本の子どもたちが置かれている環境は改善されていないように思う。

だからこそ、**親が積極的に子どものために海外教育を取り入れるべきだ。**

そこで、必要なのは英語力だ。そのためには、英語を勉強させるというより、**英語を勉強したくなるような環境を用意するしかない。**

私は、なるべく子どもの頃から、海外へ連れていくことを勧めたい。できれば海外の名門大学に見学に行ければ、自発的に英語を学ぼうとするスイッチが入る可能性もある。

プラン24

社会貢献をしてみる

この本を書いているときに、能登半島地震が起きた。私が本をプロデュースさせていただいた池田親生さんが災害支援チームを持っているので、支援金を寄付した。

私は若者コミュニティを持っていることもあり、ボランティアを募集して二〇人以上に石川県に行ってもらった。私が現地に行っても役に立たないので、彼らの交通費を負担させてもらった。

私は常日頃から「なんでもいいから社会貢献をしよう」と皆に伝えている。やってみると、なかなか幸福度が上がる。自己肯定感も上がる。

なんだかんだ言っても、他人の役に立つことが、一番幸福度が上がるのだ。なんでもいいから他人に役立つことをやると、メンタルも安定する。

プラン25

国に頼らずに生きる意識を持つ

私はコンセプターの外所一石さんと地方創生チームWillSというコミュニティをやっている。そのコミュニティではメンバーとともに、月一で地方に行き、地元の人たちと触れ合うようにしている。

そんな中で感じるのは、日本全国津々浦々まで助成金で成り立っているのではないかということ。すべての助成金が悪いとは思わないが、そのせいで財政はどんどん逼《ひっ》迫《ぱく》していく。

特に、医療費なんてもはや現役世代では支えきれないレベルにまできている。たしかに国民皆保険制度は、優れている部分もある。ただ、医療費が安いゆえに無駄に医療費が使われている結果、現役世代がどんどん貧しくなっていく。

結局、これは国（税金）に頼って生きることが、当たり前になっているからだ。国が面倒を見てくれるのが当たり前になっているからだ。日本がどんどん貧しくなっているのは明らかに政策ミスだ。

一人でも多くの国民が、国に頼らずに生きていく意識を持つべきだ。

実際、年収八九〇万円以下の人は、年金や教育など各種サービスによる「受益」のほうが「負担」を上回ってしまっている。

だから、一〇〇〇万円は稼がないと、国に頼って生きていることになる。稼げないのがダメというわけではないが、一〇〇〇万円という基準を持って自立できるように生きていこう。

そうしないと、いつまでたっても利権誘導型の政治が行なわれ、どんどん日本の未来が貧しくなっていく。

子どもたちの未来のためにも、自立していこう。

プラン26

悩まない。迷わない

移動力とは環境をどんどん変える力とも言える。そう考えたときに、どれだけ「切り替え」が早いかが重要になってくる。

そこで重要なのが「悩まない」「迷わない」ということ。多くの人が悩んだり、迷ったりして時間を無駄にしている。というか、人生を無駄にしている。

私は二五年以上前に、アメリカのアトランティックシティのカジノに入り浸り、ブラックジャックというカードゲームで生計を立てていた時期がある。

そのときに、学んだのは「悩む」「迷う」ほど、無駄なことはないということだ。ブラックジャックにおいてはやるべきことは決まっていて、あとは賭け金の上げ下げで勝敗が決まる。ただ、賭け金の上げ下げですら、ある程度タイミングは決まっている。

だから、**悩んだり、迷ったりしている時点で負けているようなもの**だった。これは人生も同じで、人生は淡々とやるべきことをやり続けた人が最後はうまくいく。

そう考えると、いちいち悩んだり、迷ったりするのは意味がない。

適切な環境に行けば、やることは一つ。暑い環境に行けば、取るべき行動は涼しい所に行くだけ。

だから、あなたも人生では悩まずにすぐに決めること。それでも迷うこともあると思うが、それはどっちを選んでもいいということだ。

サイコロで決めるくらいでちょうどいい。「最善の選択ではなく、選択を最善に」が大事であり、何を選択するかはどうでもいいから即決してしまおう。

プラン27

反省しない

「悩む」「迷う」もだけど、「反省」も時間の無駄、人生の無駄だ。

これもブラックジャックから学んだ教訓だが、反省している暇はないということ。反省している間に次のゲームが始まるからだ。

人生はもっと残酷で、ずっと本番のゲームをさせられているようなもの。

リハーサルすらないのが人生で、ずっと本番のゲームなわけだ。だから、反省している時間は無駄だ。

そもそも、反省というのは物事がうまくいかなかったときにするものだけど、うまくいかなかった理由は明確だし、明確じゃない場合は運が悪かっただけだ。
どんどん気持ちを切り替えて、やるべきことをやる。
これが人生をうまくいかせるコツだ。だから、反省なんかしている暇があったら、どんどん次のことに頭を切り替えていこう。

プラン28

見切り発車する

移動力を身につけるには、どんどん動ける体質になる必要がある。だから、私はよく「見切り発車でいい」と言う。行動できない人は、考えすぎる人。そして、準備をしなくちゃいけないと思っている。

たしかに、準備は重要だし、準備したほうがいいに決まっている。ただ、準備に時間をかけすぎてその結果何もしなければ本末転倒だ。

人生はどんどん動くことで変わっていく。圧倒的に変化する。せっかく本書を読んだのだから、**どんどん移動できる「身軽さの重要性」に気づいてほしい。**

そこで大切なのが「見切り発車」なのだ。

本当にそれぐらいの気持ちでどんどん動いていかないと人生は変わらない。あと覚えておいてほしいのは、どんなに準備したって結局は軌道修正《きどうしゅうせい》をすることになるということだ。

なんでもそうだけど、物事が最初から思った通りにいくことなんてないと思ったほうがいい。

どうせ、思った通りにいかないのであれば、とっとと始めてしまったほうがいいと思わない？

プラン29 他人の目を気にしない

動き出せない人の悩みで多いのが、「他人の目」を気にしてしまうということ。

「他人の目」を気にしても、いいことはない。**そもそも他人があなたのことをどう思っているかなんてわからないし、コントロールもできない。**コントロールできないことに気を取られてしまうほど、無駄なことはない。

「他人の目」が気になる人は当然、他人のことも気にしている。そういう人はすぐに他人と自分を比べて落ち込んだりする。

特に現代はSNSがあるため、他人のことが気になって仕方ないという人は多い。でも、コントロールできない他人のことをどんなに気にしても何も起きないし、それどころか自分がどんどん動けなくなるだけだ。

だから、もう他人の目を気にするのはやめよう。完全に無視すればいい。他人からどう思われようが、他人が何をやっていようが無視していこう。

プラン30　毎日同じ時間に同じことをする

最後に伝えたいことがある。ここまでいろいろ書いてきたし、読んでくれてありがとう。ただ、結局、こういった本は、内容を実践しないと意味はない。

おそらく本を読んだ直後は、「よし！　どんどん移動するぞ」なんて思っているだろう。

でも、最終的には多くの人が続けることができない。

だから、もっとも重要なのは、淡々とやり続ける力だ。

淡々とやり続ける力を身につけるのに良い方法は、「毎日同じ時間に同じことをする」こと。

これをひたすら続けること。これをやると、淡々とやれる体質に変わる。

たとえば、毎朝七時にXにポストするでもいい。私の場合は、日本にいるときは朝六時半に起きてカフェに行き仕事をする。サンフランシスコにいたときには、朝三時に起きてテキーラ入りのコーヒーを飲みながら原稿を書いていた。

そんなこと言うと、「長倉さんはストイックだから」なんて声も聞こえてきそうだけど、私は本当にそういうタイプではない。むしろ、だらしないほうである。

ところが、「毎日同じ時間に同じことをする」を習慣化したら、結果が出るようになった。今思えば、一二年前に独立した当初も毎朝フェイスブックを投稿するようにしていたら、気づいたらうまくいっていた。

この話をすると「何をすればいいかわかりません」という人が多いと思うが、本当になんでもいいと思う。

一見、成果が出そうにないことでも全然構わない。なぜなら、淡々とやり続ける癖をつけるのが目的だからだ。それでもやることが思い浮かばないなら、毎朝七時にXにポストしよう。

何かをポストしようと思えば、ポストするための材料を脳が探すようになり、今とは見える景色が変わるから一石二鳥だ。

どうだっただろうか。ここで書いたことを今から実践してほしい。一つでもいいから行動を起こしてほしい。行動を起こすから、人生は変わるのだ。

第6章まとめ

・「誰が」を問われる時代になり、人間関係に信用、信頼がより大事になっている
・通勤経路を変えたり、短期間で行ったことのない場所に行き、思考停止を防止する
・映画、音楽、本、AIに触れる機会を増やし、アップデートしていく
・海外の情報を収集し、稼ぐ力を伸ばす
・時間の無駄を排除して、見切り発車してみる
・「同じ時間に、同じこと」を淡々と続ける人は強い！

あとがき

ここまで読んでくれてありがとう。

本書は、私が一番好きな本。

だから、こうやってあなたと考えを共有できたのが本当にうれしい。

本文の中でも触れたが、日本は経済的にはどんどん貧しくなっていく。

ただ、そうだからと言って、必ずしも不幸になるとは限らない。もし不幸になるとするなら、それは窮屈《きゅうくつ》さを感じたときだ。

だから、どんどん移動してほしい。私はなにも旅行しろと言っているわけではない。「なんでもいいから移動しろ」と言っているだけだ。どんどん移動し、どんどん行動していると、目的地が明確になる。

多くの人から「やりたいことがわからない」「目的がわからない」と相談をもらう。

そういう人に限って、行動していない。

行動した先に、はじめて山頂が見えるのだ。

だから、まずは移動してほしい。移動していると、やる気が出てきて行動する。その結果、「やりたいこと」が見えてくる。

振り返ると私の人生も、目の前のことを必死にやっていただけだった。そしたら、いつの間にか楽しい人生になっていただけ。


私は、人と一緒に移動するイベントを多く主催している。なので、ぜひ、私のSNS（Xやインスタ）をフォローしてほしい。情報が流れてくるはずだ。

いつか一緒にどこかに行きましょう！

本書の出版にあたっては、すばる舎の上江洲編集長に大変お世話になりました。こういったチャンスを頂けたことに感謝しています。また、出版社時代の元部下でもある森下裕士さんにも協力いただいた。昔の部下と一緒に本づくりができたのは最高でした。

二〇二四年三月　長倉顕太

本書は小社で２０１９年４月に刊行された
『移動力』を加筆、再編集したものです。

長倉顕太　ながくら・けんた

作家、プロデューサー、編集者。

1973年、東京生まれ。学習院大学卒業後、職を転々としたあと28歳のときに出版社に転職し、編集者としてベストセラーを連発。今までに企画・編集した本の累計は1100万部を超える。

独立後は8年間にわたりホノルル、サンフランシスコに拠点を移して活動し、現在は本やコンテンツのプロデュースや、これらを活用したマーケティングを個人や法人に伝えている。海外での子育て経験から、教育事業などにも携わっている。

著書に『超一流の二流をめざせ！』（サンマーク出版）、『親は100％間違っている』（光文社）、『モテる読書術』『GIG WORK（ギグワーク）』（共にすばる舎）、『常識の1ミリ先を考える。』（横浜タイガ出版）などがある。

インスタやXでも情報を発信中。
＜公式サイト＞
https://kentanagakura.com/

長倉顕太　検索

移動する人はうまくいく

2024年 4 月23日　第 1 刷発行
2024年10月23日　第11刷発行

著　者　長倉顕太《ながくらけんた》
発行者　徳留慶太郎
発行所　株式会社すばる舎
〒170-0013 東京都豊島区東池袋3-9-7東池袋織本ビル
TEL　03-3981-8651（代表）　03-3981-0767（営業部）
FAX　03-3981-8638
https://www.subarusya.jp/
印刷所　中央精版印刷株式会社

落丁・乱丁本はお取り替えいたします

ISBN978-4-7991-1219-9